DIRK MANN

STAUDEN —RARITÄTEN

Gartenjuwelen kultivieren & sammeln

KOSMOS

Haberlea rhodopensis

Trillium chloropetalum

☞ *Inhalt*

Moltkia petraea

Inhaltsverzeichnis

Physoplexis comosa

Gladiolus communis

Pogonia ophioglossoides

*„Verliert der
Standard seinen
Reiz, beginnt die
wahre Botanik
und das bunte
Reich der Pflanzen-
enthusiasten."*

Dirk Mann – Gartenbauwissenschaftler, Gartenfotograf und professioneller Pflanzenjäger

DAS TOR IN DIE WELT DER BOTANIK

Blumen und Pflanzen schmücken mit Laub und Blüten, sie bereichern das Leben und bringen Farbe wie auch Freude in den Alltag.

Der Garten ist für die meisten Menschen eine Oase der Ruhe und Entspannung. Aber ein Garten ist mehr, weitaus mehr. Er bildet das Tor in die große, weite Welt der Botanik. Diese einzigartige Welt voller Farben und Formen lässt sich von jedem erkunden und entdecken, der Interesse und Passion für das blühende Grün hat. Es ist faszinierend, welche Gestaltungs- und Schöpfungskraft die Natur besitzt und wie ausdrucksstark sich diese Vielfalt in der Botanik zeigt.

Jeder Gartenbesitzer weiß, dass Blumen und Pflanzen Verantwortung bedeuten. Regelmäßige Pflege, schmutzige Hände, Experimentierfreude und gutes Zureden gehören für jeden passionierten Gärtner zum Standardrepertoire seiner Leidenschaft. Diese Leidenschaft ist es auch, die einen Gartenbesitzer von einem Gartenliebhaber unterscheidet. Wahre Gartenliebhaber brennen für ihre Pflanzen und umsorgen sie wie echte Juwelen.

Das Buch soll kein klassisches Praxisbuch sein. Jeder Gartenenthusiast kennt die Gartenpraxis nur zu gut und weiß, wie Pflanzen im Allgemeinen gepflegt oder vermehrt werden. Vielmehr soll das Buch einen Einblick in die Eigenheiten seltener Pflanzen bieten und deren Pflege veranschaulichen.

GARTENJUWELEN

— Die seltenen Schätze
des Staudenreichs

KOSTBARKEITEN DER GARTENLIEBHABER

Gartenjuwelen lassen sich als Pflanzen umschreiben, die man besonders mag, je nach Vorliebe sammelt oder zu denen man einen speziellen Bezug hat. Die Spanne reicht von Sträuchern und Bäumen, über Stauden bis hin zu Orchideen und Exoten.

In unserer Zeit, in der man meint, alles jederzeit kaufen zu können, stößt man in der Botanik rasch an die Grenzen. Das Angebot im Fachhandel wirkt auf den ersten Blick unerschöpflich. Gibt es doch von einer Pflanze hunderte Sorten mit den unterschiedlichsten Wuchseigenschaften, Blüten- oder Laubfarben. Der Verbraucher wünscht schließlich jedes Jahr etwas Neues und

das wird ihm auch geboten. Dank Züchtung, hochentwickelter Vermehrungslabore und moderner Massenproduktion ist scheinbar alles möglich. Jedoch nur scheinbar.

So schön handelsübliche Industriepflanzen auch sein mögen, locken sie keinen echten Gartenliebhaber hinter dem Ofen vor. Denn nicht „größer, farbkräftiger, wüchsiger" zählt, sondern

Alpenflora mit *Gentiana verna* auf knapp 2 500 m in der Nähe des Furkapasses (Schweiz)

das Besondere, die Details, die Seltenheit und die Herausforderung. Was alle Raritäten – von winzigen alpinen Pflanzen bis zu großen Bäumen – eint, sind ihr Seltenheitswert und ihre besonderen Standort- und Pflegeansprüche. Das macht sie bei erfolgreicher Kultur zum ganzen Stolz leidenschaftlicher Botaniker und Gärtner. Häufig sind diese Pflanzen Sammlerobjekte. Ähnlich wie bei anderen Sammelleidenschaften wird versucht, möglichst viele Arten einer Gattung oder eines Bereichs zusammenzutragen. Der Unterschied zu Briefmarken, Ü-Eiern oder Oldtimern ist, dass Pflanzen leben und ihr Wohl von äußeren Faktoren abhängt. Fehler bei der Standortwahl oder der Pflege verzeihen sie oft nicht.

HERKUNFT UND VERBREITUNG

Ein Grund für den Reiz seltener Pflanzen ist ihre geringe Verbreitung. Im riesigen Reich der Botanik gibt es zahlreiche Gattungen und Arten, die weltweit nur an wenigen oder teilweise sogar nur an einem einzigen begrenzten Standort vorkom-

Blütenreichtum am Naturstandort

„Die Bezeichnung ‚anspruchsvoll und selten‘ besitzt einen besonderen Reiz.“

men. Solche Plätze gibt es auf allen Kontinenten der Welt. Pflanzensammler waren früher mit viel Aufwand unterwegs, um diese Standorte für die Pflanzen- und Saatgutgewinnung zu finden. Das Sammeln in freier Wildbahn ist heute kaum noch möglich, denn überall sind die Naturschutzgesetze streng und die Strafen bei Zuwiderhandlungen sehr hoch.

Auch Kreuzungen oder Auslesen, die in ihren Merkmalen besonders herausstechen, zählen zu den Gartenjuwelen. Durch die generative Vermehrung (Aussaat) kann es zufällig oder gezielt dazu kommen, dass besondere Pflanzen entstehen. Obwohl es die moderne In-vitro-Vermehrung gibt, lassen sich nicht alle Pflanzen im Labor vermehren bzw. macht es unter wirtschaftlichen Gesichtspunkten wenig Sinn. Um sie alternativ in größeren Stückzahlen auf klassische Weise zu vervielfältigen, kann es Jahre dauern. Daher ist es nicht verwunderlich, dass diese Pflanzen in der Gartenkultur kaum bekannt oder verbreitet sind. Häufig werden die Pflanzen unter Gartenliebhabern getauscht und weitergegeben, samt Erfahrungen und persönlicher Pflegetipps.

Aus gärtnerischer Sicht sind Gartenraritäten typische Nischenprodukte, die zudem anspruchsvoll und langwierig in ihrer Kultur sind. Noch gibt es einige wenige Spezialgärtnereien, doch diese Gilde wird leider von Jahr zu Jahr kleiner. Aus gärtnerischer Sicht sind Gartenraritäten typische Nischenprodukte, die zudem anspruchsvoll und langwierig in ihrer Kultur sind. Noch gibt es einige wenige Spezialgärtnereien, doch diese Gilde wird leider von Jahr zu Jahr kleiner. Die botanisch interessierte Nachfolge fehlt und so lösen sich zusammengetragene Pflanzensammlungen stückchenweise auf.

BOTANIK UND EINORDNUNG

So vielfältig die Welt der Botanik, so unerschöpflich sind die Möglichkeiten für passionierte Gärtner. Für Pflanzensammler sind Botanik, Taxanomie und Herkunft einer Pflanze von ausschlaggebender Bedeutung.

Im Vordergrund steht, ob eine Art aus einer speziellen Region kommt, eine besondere Unterart darstellt oder ob die Pflanzen in gewissen Gemeinschaften leben. Oft leitet sich das Interesse für bestimmte seltene Pflanzen von Gartenformen ab, für die man ein besonderes Faible entwickelt hat.

Alpinum und Steingärten bilden optimale Voraussetzungen für Hochgebirgsflora. Moorbeete bieten sich für Karnivoren, Orchideen oder Sumpfgewächse an. Kiesbeete sind Standorte für Sukkulenten, Kakteen oder Zwiebelgewächse, Schattengärten für Blattschmuckstauden, Farne oder Waldpflanzen.

Für eine Freilandkultur kommen nur diejenigen Pflanzen in Betracht, die sich unserem Klima einigermaßen angepasst haben. Ihre Frosthärte steht im unmittelbaren Zusammenhang mit ihrer Heimat.

Alle Pflanzen lassen sich in unterschiedliche Gruppen einteilen, die sich durch bestimmte Merkmale voneinander unterscheiden. Anhand dieser Merkmale lassen sich die Pflanzen einerseits gruppieren, schließen andererseits die Zugehörigkeit zu anderen Gruppen jedoch nicht aus.

BLÜTENSTAUDEN

Die Gruppe mehrjähriger (perennierender) Pflanzen mit einem krautigen Spross, die ungünstige Zeiten mithilfe ihrer Speicherorgane im Wurzelbereich überdauern, trifft man am häufigsten in Gärten an. Sie reichen von der winzigen Alpinpflanze bis hin zur übermächtigen und meterhohen Prachtstaude.

Stauden unterscheiden sich von den Ein- und Zweijährigen durch ihren wiederkehrenden Lebenszyklus. Der krautige, oftmals sommergrüne Spross trennt Stauden von den Gehölzen. Die Abgrenzung dieser Pflanzeneinordnungen verläuft weich, ohne scharfe Trennlinie. Einerseits können Einjahresblumen unter Umständen auch staudige Züge aufweisen, andererseits können Stauden verholzende Sprosse bilden. Zu der Gruppe der Stauden werden beispielsweise

Frühlingserwachen im Staudengarten mit dem Apennin-Windröschen, *Anemone apennina*

auch Karnivoren, Sukkulenten oder Kakteen gezählt. Tropische Orchideen schmücken Wohnräume. Im Freiland übernehmen diese Aufgabe Erd- oder Gartenorchideen. Sie lassen sich den Stauden zuordnen, sind beliebte Sammlerobjekte und häufig in Liebhabergärten anzutreffen.

GRÄSER

Diese einkeimblättrigen Pflanzen lassen sich den Stauden zuordnen, sofern sie ausdauernd sind. Gräser sind keine typischen Sammlerobjekte, aber in gemischten Stauden- und Steingartenpflanzungen eine Bereicherung, zumal einige Arten und Sorten auffällige Laubzeichnungen aufweisen.

FARNE

Farnpflanzen mit ihren dekorativen Wedeln können ebenfalls den Stauden gezählt werden. Zwar bilden sie keine Blüten aus, sondern vermehren sich generativ durch Sporen, aber als schattenliebende Blattschmuckpflanzen sind sie unverzichtbar in Schatten- und Waldgärten.

KNOLLEN- UND ZWIEBELPFLANZEN

Im Grunde lassen sich diese Pflanzen grob den Stauden zuordnen. Sie bilden jedoch Speicherorgane im Wurzelbereich aus, die ein Überleben in einer längeren Ruhephase ermöglichen. Ihre Vegetationszeit ist zeitlich stark begrenzt und dauert teils nur wenige Wochen oder Monate.

DAS A UND O FÄNGT MIT B AN

Botanik und Taxonomie sind essenziell für Pflanzenliebhaber. Dank dieser Systematik können Pflanzen weltweit identifiziert, Gruppen und Verwandtschaften erkannt, Herkunft oder Merkmale abgelesen werden.

Zwiebelblume: Herbstzeitlose, *Colchicum* 'Waterlily' mit gefüllten Blüten

Geschützte heimische Orchideenart: Frauenschuh, *Cypripedium calceolus* im Garten

STANDORT
– DER WICHTIGSTE FAKTOR

Die Pflanzen wachsen in der Natur an Standorten unter speziellen Gegebenheiten. Klima, Licht, Boden und Begleitflora charakterisieren den natürlichen Standort.

Um in der Kultur seltener Pflanzen erfolgreich zu sein, ist es notwendig, sich mit ihren Standorten zu befassen. Heutzutage bietet das Internet ideale Möglichkeiten, richtungsweisende Angaben und Bilder vom Naturstandort vieler Pflanzen zu erhalten. Die Bilder ersetzen natürlich nicht das persönliche Aufsuchen, aber Licht- und Bodenverhältnisse lassen sich durchaus ableiten. Begleitpflanzen geben zusätzliche Informationen. Auch gehören eine gewisse Beobachtungsgabe und Experimentierfreude dazu, denn Wachstumseigenheiten kommen oft erst im Laufe der Zeit zum Vorschein.

Und was in der Theorie und bei anderen funktioniert, kann in der eigenen Praxis rasch scheitern.

Dafür haben lebende Pflanzen ihren „eigenen Kopf" und fordern etwas mehr Aufmerksamkeit.

KLIMA

Klima ist ein großer Begriff, der häufig global gedeutet wird. Als Standortfaktor bezieht sich das Klima jedoch auf kleinere Lebensräume. Sie weisen bestimmte, sich regelmäßig wiederholende Wetterzustände auf, die für den Standort typisch sind. Beispielsweise zeichnet sich ein alpines Bergklima durch lange Winter, kurze Vegetationszeit, starke Winde und eine erhöhte Luftfeuchte aus. Diese Bedingungen können in ihrer Kombination nicht ins Flachland übertragen werden. Aus diesem Grund lassen sich manche Pflanzen trotz

Silene dioica im Gebirge

Pulsatilla vernalis im steinigen Geröllfeld

aller Bemühungen und Kulturanpassungen nicht dauerhaft im Garten halten. Das Klima ist der einzige Wachstumsfaktor, auf den man nicht einwirken kann. Erschwerend kommt hinzu, dass sich das Klima auf der ganzen Welt erwärmt, wodurch die Kultur kälteliebender Pflanzen erschwert wird.

SONNE UND SCHATTEN

Die Lichtverhältnisse sind ein wichtiger Standort- und Wachstumsfaktor. Das Sonnenlicht bildet die Voraussetzung für die Fotosynthese. An ihrem natürlichen Standort haben sich die Pflanzen mit ihrer Blattgröße und -beschaffenheit den vorherrschenden Lichtverhältnissen angepasst. Als grobe Faustregel lässt sich sagen, dass Pflanzen mit kleinen, ledrig bis harten Blättern sonnenverträglicher sind als großlaubige Pflanzen mit weichem Blattgewebe. Die Lichtverhältnisse im Garten lassen sich durch die Wahl der Pflanzenstandorte steuern und können mit etwas Aufwand auch zeitweise verändert werden.

BODEN

Neben den Lichtverhältnissen bildet der Boden oder bei Kübeln das Substrat einen weiteren wichtigen Wachstumsfaktor. Im Boden finden die Pflanzen Halt, Wasser und Nährstoffe, die das Wachstum erst ermöglichen. Böden unterscheiden sich in ihrer Struktur (Körnung der Bodenpartikel), der Bodenfeuchte, dem Anteil organischer Substanz und der Bodenreaktion (pH-Wert). Das Substrat ist die Stellschraube, an der bei der Kultur von Pflanzen in der Regel am häufigsten gedreht wird. Es gibt kaum einen Gärtner, der nicht auf eigene Substratmischungen schwört und für seine Pflanzen Erde mischt. Hierbei wird versucht, die optimale Kombination für die Bodenansprüche der jeweiligen Pflanzen zu erreichen.

BEGLEITFLORA

Nachbarpflanzen spielen auf den ersten Blick nur eine untergeordnete Rolle, haben jedoch einen Einfluss auf die Licht- und Bodenverhältnisse. Insbesondere Waldpflanzen sind von Bäumen und Sträuchern abhängig. Im Frühjahr dringt im unbelaubten Zustand ausreichend Licht bis an die Bodenoberfläche und fördert die Blütenbildung. Mit steigenden Temperaturen bildet sich ein schützendes Blätterkleid, das im Herbst abfällt und den Humusgehalt des Bodens durch die Zersetzung erhöht.

Caltha palustris am Teichrand

Moorbeet

PRAXIS

— Anzucht, Pflanzung & Pflege

DER PFLANZENKAUF

Nichts leichter als das, sollte man meinen, gibt es doch zahlreiche Anbieter, Gartenmärkte und das Internet. Dieser Schein trügt, denn diese Aussage trifft nur für das gewöhnliche Standardsortiment zu.

Die Gemeinschaft der Pflanzen-Enthusiasten schrumpft seit Jahren, Spezialgärtnereien werden weniger und das Angebot wird zunehmend schmaler. Das Traurige daran ist, dass die Beschaffung von Pflanzen immer schwieriger wird, teils gar nicht mehr möglich ist. Die Vielfalt schwindet zusehends. Seltene Pflanzen sind keine Allerweltsprodukte, die man an jeder Ecke kaufen kann. Mit ihnen lässt sich nicht das große Geld verdienen. Ihre Kultur ist schwierig und dauert teils viele Jahre. Gründe, die für normale Gärtnereien einen Ausschluss bedeuten. Somit ist man als Sammler gezwungen, für die Pflanzenbeschaffung einen Hürdenlauf zu meistern. Wird man fündig, sollte nicht lange gezögert werden. Schwache Vermehrungsraten sorgen rasch für vergriffene Pflanzen und eine anschließende Geduldsprobe.

SAMEN UND SAATGUT

Aussaat ist eine gute Möglichkeit, Pflanzen im Garten anzusiedeln. Einige Samenhändler haben sich auf seltene Pflanzen spezialisiert und besitzen ein gut sortiertes Angebot. Eine weitere Möglichkeit ist, Pflanzengesellschaften und -vereinigun-

Der Autor beim Pflanzenverkauf

gen beizutreten. In der Regel wird dort einmal pro Jahr ein Samentausch angeboten. Zudem erhält man für einen überschaubaren Mitgliedsbeitrag Fachinformationen und findet Kontakt zu anderen Liebhabern (Adressen siehe S. 200). Bei Saatgut gilt zu berücksichtigen, dass sich Reinheit, Zustand oder Keimfähigkeit kaum beurteilen lassen. Je nachdem wann der Samen geerntet und wie er gelagert wurde, kann die Keimung unter Umständen ungleichmäßig oder verzögert erfolgen. Aussaaten sollten daher bei Ausbleiben von Sämlingen nicht zu früh entsorgt werden. Zudem kann es durchaus vorkommen, dass andere Pflanzen keimen, als die Beschriftung des Samentütchens anzeigt.

ONLINE ODER DIREKT UND REGIONAL?

Wenn machbar, ist der Kauf oder Tausch von Pflanzen die bessere Wahl. Bei regionalen Gartenevents und Pflanzenmärkten ist dank vieler Spezialgärtnereien die Chance groß, seltene Pflanzen zu finden. Hier kauft man nicht die Katze im Sack, denn die Pflanzenmerkmale und

der Gesundheitszustand der Pflanzen sind gut sichtbar und prüfbar. Das ist bei Bestellungen im Internet nicht möglich. Zwar ist die angebotene Vielfalt online größer, jedoch garantiert dies nicht, dass die Pflanzen lieferbar sind oder in einem guten Zustand ankommen. Als Kunde sollte man sich bewusst sein, dass seltene Pflanzen nur in begrenztem Maße produziert werden und kurzfristig durch Wetter oder Schädlinge ausfallen können. Die etablierten Spezialgärtnereien versenden sicher und zuverlässig.

PFLANZENTAUSCH

Netzwerken ist nicht nur ein Business-Schlagwort im heutigen Medienzeitalter, sondern hilft auch bei der Pflanzenbeschaffung. Es gibt zahlreiche Vereine und Interessengemeinschaften, deren Mitglieder untereinander Pflanzen und Saatgut tauschen. Das hilft beim Erweitern der eigenen Sammlung und beim Austauschen persönlicher Erfahrungen. Zahlreiche Pflanzenvereine besitzen Regionalgruppen, die regelmäßige Treffen veranstalten. Sie bieten beste Möglichkeiten, miteinander ins Gespräch zu kommen.

PFLANZENKAUF IM AUSLAND

Je ausgefallener die Wünsche sind, desto weiter muss der Blick schweifen. Es lohnt sich durchaus, im Ausland nach Pflanzen zu suchen. Alles was aus der EU stammt, ist kaum mit Problemen verbunden. Berücksichtigen sollte man jedoch, dass die Versandwege, die zu Transportschäden führen können, deutlich länger sind als innerhalb von Deutschland. Daher sollten die Pflanzen sinnvollerweise während ihrer Ruhephase bestellt werden.

Schwierig und teurer wird es, wenn es sich um Einfuhren aus Ländern außerhalb der EU handelt. Onlineshops machen Bestellungen weltweit möglich, jedoch sollte vorab geprüft werden, ob die Pflanzen einem Artenschutzabkommen (z. B. CITES) unterliegen. Da die Pakete eine Einfuhrprüfung durchlaufen müssen, empfiehlt es sich, zum Zoll Kontakt aufzunehmen oder eine Zollagentur zu beauftragen. Überlässt man es dem Selbstlauf, kann es zu starken Verzögerungen und sogar zu Vorladungen von der Zollbehörde kommen.

Steingartenpflanzen für den Marktverkauf

MÖGLICHKEITEN DER PFLANZENKULTUR

Ein großer Teil der seltenen Pflanzen hat standortbedingte Ansprüche, die unter normalen Bedingungen im Beet oder in der Rabatte schwierig umzusetzen sind. Eine Idee kann die Kultur in Töpfen oder Kübeln sein.

Klein- oder schwachwüchsige Pflanzen haben es im normalen Blumenbeet schwer. Sie gehen optisch neben dominanten Nachbarn unter und werden im schlimmsten Fall sogar von ihnen verdrängt. Obwohl ein gewachsener Boden grundsätzlich die bessere Wahl ist, eignet sich nicht jede Bodenart für eine einzelne Pflanzenkultur. Trotz bodenverändernder Maßnahmen nimmt die Erde ihren ursprünglichen Zustand meist wieder an. Es ist daher für einen langfristigen Kulturerfolg notwendig, andere Möglichkeiten und Wege auszuprobieren.

ABGESCHOTTETER LEBENSRAUM

Besucht man den Garten eines Pflanzenliebhabers, dauert es nicht lange, um Topfkulturen, Alpinenhäuser, Frühbeete oder alternative Kulturformen zu entdecken. Töpfe, aus Ton oder Kunststoff dienen häufig als Standort für seltene Pflanzen. Obwohl sie getrennt vom gewachsenen Boden sind und damit individueller Pflegemaßnahmen bedürfen, ist es für diese Pflanzen die bessere Wahl. Die Substrate lassen sich für die jeweiligen Pflanzenansprüche wunschgemäß mischen. In der Gefäßkultur besteht keine direkte Konkurrenzsituation zu Nachbarpflanzen. Der abgeschottete Lebensraum kommt besonders den schwachwüchsigen Pflanzen zugute.

KULTURPRAXIS IM TOPF

Verwendet werden nur saubere und desinfizierte Gefäße. Die Größe der Töpfe ist abhängig von Wuchs und Größe der Pflanzen. Winzige Alpine

Eigene Substrate sind selbstverständlich.

Probe der physikalischen Eigenschaften

benötigen einen kleineren Topf als größere Stauden. Ist bekannt, dass sie kein Umpflanzen vertragen, sollten sie bereits als Jungpflanze in ein größeres Gefäß gesetzt werden. Wichtig ist die passende Topfhöhe, denn Pfahl- oder Tiefwurzler (z.B. *Pulsatilla* oder *Physoplexis*) fordern mehr Tiefe.

Bei der Kultur in Töpfen ist eine Dränage am Topfboden unerlässlich. Insbesondere Kunststoffgefäße neigen zu Staunässe. Damit es zu keinen Wurzelschäden kommt, ist eine Schicht aus Tonscherben, Splitt oder Kies am Topfgrund ratsam.

Das eigentliche Substrat wird in der Regel aus verschiedenen Komponenten gemischt. Hier verwendet jeder Liebhaber seine eigenen Rezepte, die er durch längeres Probieren herausgefunden hat. Die Pflanzung erfolgt vorsichtig, ohne die Wurzeln unnötig zu verletzen. Die Oberfläche kann bei nässeempfindlichen Pflanzen abschließend mit Kies abgedeckt werden. Das bewirkt nicht nur eine optische Aufwertung, sondern lässt die Pflanzenblätter schneller abtrocknen, verhindert das Austrocknen der Bodenoberfläche und verbessert die Wasseraufnahme des Substrats.

Da die Gefäße an heißen Tagen rasch austrocknen können, ist es ratsam, sie im Sandbeet oder im schattierten Frühbeet in die Erde einzulassen. Diese Maßnahme kühlt den Topf. Bei der Verwendung von Tontöpfen erfolgt sogar ein schwacher Feuchtigkeitsausgleich.

Falllaub ist ein günstiger Humuslieferant.

WICHTIGE BESTANDTEILE VON SUBSTRATEN

— Normale Gartenerde oder abgelagerter Kompost, der idealerweise gedämpft ist und keine Keime, Sporen oder Fremdsamen enthält.

— Torf, Nadelerde oder Rohhumus drücken den pH-Wert und erhöhen den Humusgehalt. Gärtnererden, Laubkompost und Humus erhöhen die organische Substanz im Boden und verbessern die Fruchtbarkeit.

— Sand, Kies oder Splitt sind mineralische Dränagematerialien, die durch ihre Körnung die Durchlässigkeit und den Wasserhaushalt des Bodens steuern.

— Bentonit, Kohlenstaub oder Urgesteinsmehl wirken positiv auf die Bodenstruktur, den Nährstoff- und Wasserhaushalt. Die Verwendung dieser mineralischen Zusätze ist ratsam, wenn die Pflanzen über Jahre ohne Substratwechsel kultiviert werden sollen.

— Kalksplitt oder abgelagerter zerbröselter Kalkmörtel erhöhen die Dränage sowie den pH-Wert des Bodens.

DER STANDORT IM GARTEN

Den perfekten Platz gibt es im Garten kaum, er existiert in der Regel nur im natürlichen Verbreitungsgebiet. Jedoch lässt sich fast immer ein guter Bereich finden, der gute Voraussetzungen für die Pflanzenkultur bietet.

Selten sind die Bedingungen von Haus aus ideal. Getreu dem Handwerkermotto „Was nicht passt, wird passend gemacht" wird der spätere Pflanzort daher durch gezielte Veränderungen verbessert.

MÖGLICHE BAUMASSNAHMEN

Für einige Gartenformen sind Baumaßnahmen erforderlich. Zum Bau eines Alpinums oder eines Steingartens wird eine Gebirgslandschaft aus Steinen und Schotter nachgebildet.

Es fußt auf einem durchlässigen, schottrigen Fundament, das für einen guten Wasserabzug und Schutz vor Schädlingen aus dem Untergrund sorgt. Liebhaber von Gebirgspflanzen setzen auf die Verwendung von Tuffgestein bzw. Muschelkalk. Das poröse Gestein bietet gute Bedingungen für hochalpine Pflanzen. Im Natursteinhandel ist es als Spaghettigestein zu finden. Für die Kultur von Gebirgspflanzen ist jedoch kein klassischer Steingarten notwen-

Blühende Steingärten sind im Frühjahr eine Augenweide.

dig. Auch in Kiesbeeten oder auf Natur- und Trockenmauern lassen sich diese Pflanzen kultivieren.

Ein Moorbeet bedarf ebenfalls einiger Vorbereitungen. Beste Voraussetzungen liefert ein Gartenteich, dessen Sumpfzone ausgeweitet und zu einem Moorbeet umgewandelt wird. Es bietet einen Lebensraum für Orchideen und Karnivoren.

KONZENTRATION AUF KLEINER FLÄCHE

Wenn man mit seinen ersten Gartenjuwelen beginnt, empfiehlt es sich zunächst, eine kleine Fläche für die Pflanzen herzurichten. Da sie mehr Aufmerksamkeit als gewöhnliche Gartenblumen wünschen, hat man sie auf einer konzentrierten Kulturfläche besser im Blick. Es ist eher von Nachteil, wenn die Pflanzen über den ganzen Garten verteilt und schlussendlich vergessen werden. Das kann schnell passieren, denn manche Pflanzen ziehen schon im Laufe des Jahres ein.

MOBILE STRÄUCHER

Frostharte Blütensträucher lassen sich als Kübelpflanzen kultivieren. Der Vorteil ist ihre Mobilität. Sie können mit etwas Kraftaufwand ganz nach Bedarf positioniert werden. So ist es möglich, Beeten im Frühjahr die ganze Sonne zu bieten und im Sommer durch das Aufstellen von Sträuchern in Kübeln einen lockeren natürlichen Schattenwurf zu bieten.

Sobald dann die Hacke an dem kahlen Fleck zum Einsatz kommt, ist es um die Pflanze geschehen.

VERÄNDERUNGEN VON LICHT- UND BODENVERHÄLTNISSEN

Eine Standortanalyse gibt Aufschluss über Beschaffenheit und Merkmale eines Standorts. Damit ist die Grundlage für notwendige Veränderungen geschaffen. Die Lichtverhältnisse lassen sich nur bedingt verändern. Deshalb sollten die Plätze den Lichtansprüchen im Groben entsprechen. Je nach Notwendigkeit können jedoch

Alpinum und Mini-Steingärten lassen sich in großen Trögen unterbringen.

Baum- und Strauchunterpflanzungen bieten gute Bedingungen für Hundszähne *(Erythronium)*.

schattierende Gehölze entfernt oder ausgelichtet werden. Andererseits lassen sich bei Bedarf Sträucher anpflanzen oder ein schattierendes Dach bzw. Spalier errichten.

Die meisten Änderungen erfolgen erfahrungsgemäß am Boden. Zur Bodenbearbeitung zählen das Umgraben, das Einmischen von Humus oder Dränagematerialien und das Entfernen von Wild-

wuchs und Wurzelunkräutern. Es empfiehlt sich, nach den groben Arbeiten den Boden einige Wochen ruhen zu lassen. Diese Zeit wird benötigt, damit sich das Bodenleben neu ordnet und eingearbeitete Zusatzstoffe (z. B. Kalk) wirken können. Soll ein Beet im Frühjahr bepflanzt werden, wäre der vorangehende Herbst der ideale Zeitpunkt für die Bodenbearbeitung.

KREATIVE IDEEN

Eine Fülle an Inspirationen bieten kreative Portale, wie Instagram oder Pinterest, auf denen Gartenliebhaber ihre eigenen Ideen präsentieren. Die Anregungen helfen bei der Gestaltung des eigenen Gartens.

SCHUTZVORKEHRUNGEN VORSEHEN

Anspruchsvolle Pflanzen reagieren deutlich schneller und empfindlicher auf Witterungseinflüsse. Insbesondere die Extreme wirken sich sehr nachteilig auf die Kultur aus. Obwohl man annimmt, dass beispielsweise Gebirgspflanzen gut frosthart sind, können strenge Kahlfröste böse Schäden hin-

Erigeron aureus 'Canary Bird' im Schotterbeet

„Nutzen Sie Gegebenheiten geschickt und kreativ!"

Kaum ein Garten kann alle Lebensräume miteinander vereinen. So sind prädestinierte Südlagen genauso wenig für Schattenpflanzen geeignet wie dunkle Waldgärten für sonnenhungrige Steppenpflanzen. Durch ein gezieltes Anpflanzen oder Roden, Bodenaustausch oder -verbesserung, den Bau von Steingärten oder Hochbeeten und die Anlage von Sumpf- oder Moorbeeten können jedoch die jeweiligen Bedingungen und Lebensräume geschaffen werden.

Alte Bauschutt- oder Geröllhaufen müssen nicht zwangsläufig entsorgt werden, sondern lassen sich geschickt als Untergrund für Steingärten nutzen. Hanglagen können entweder direkt in Steingärten umgewandelt oder durch das Aufsetzen kleinerer Trockenmauern terrassiert werden.

So entsteht der Lebensraum einer Trockenmauer und eines ebenen Beetes. Praktischerweise eignen sich diese Terrassenbeete für die Topfkultur, denn hier ist keine Staunässe zu befürchten und die rückenschonende Erhöhung erleichtert die Pflegearbeiten.

Teichränder oder ein Wasserüberlauf lassen sich zu einem Moor- oder Sumpfbeet modellieren, in dem sich Gartenorchideen oder Karnivoren wohlfühlen. Ein zugewachsener Gartenteich kann ebenfalls zum Moorbeet umfunktioniert werden – anstatt eines aufwändigen Rückbaus. Bleiben beim Roden oder Auslichten von Gehölzanlagen Stämme und Äste übrig, lassen sich Äste mit mehr als 10 cm Durchmesser als Einfassungen nutzen. Größere Stämme lassen sich aushöhlen und als natürlicher Pflanztrog weiterverwenden.

terlassen. In den Bergen sind die Pflanzen unter dem Schnee geschützt, der im Flachland oft fehlt. Ausgiebiger Regen oder Feuchtigkeit sorgen bei dichten Polstern oder wollig behaarten Pflanzen für Probleme. Exponierte Sonnenlagen können wiederum zu Trockenschäden führen. Für alle Szenarien lohnt das Vorsehen eines Rahmens oder eine Halterung zur Anbringung einer schützenden Abdeckung im Notfall.

DIE PASSENDE GESTALTUNG

Jeder Garten bietet ausreichend Ideen und Möglichkeiten, die vorhandenen Gegebenheiten kulturwirksam zu nutzen. Durch die unterschiedliche Beschaffenheit eines jeden Gartens entsteht eine charakteristische Einzigartigkeit.

DIE PFLANZUNG

Mit dem Abschluss der Standortvorbereitungen kann mit den Pflanzarbeiten begonnen werden. Obwohl heute nahezu ganzjährig gepflanzt werden kann, bieten die klassischen Pflanzzeiten einige Vorteile.

Die Pflanzzeiten im Frühling oder Herbst sind grundsätzlich zu empfehlen, es sei denn, die Pflanzen haben besondere Vegetationszyklen wie Knollen- oder Zwiebelpflanzen. Getopfte Pflanzen können über die gesamte Saison gesetzt werden. Hitzephasen sollten dabei jedoch gemieden werden, um das Anwachsen nicht unnötig zu erschweren.

PFLANZUNG IM BEET

Die Pflanzung seltener Stauden unterscheidet sich nicht von der normaler Gartenpflanzen: Das Pflanzloch wird an der vorgesehenen Stelle ausgehoben, möglichst etwas tiefer, als der Topf- bzw. Wurzelballen hoch ist. Der Grund wird gut aufgelockert, damit die Wurzeln es später einfacher haben, in den Boden einzudringen. Das Austopfen erfolgt behutsam, ohne die Wurzeln zu verletzen. Wenn es möglich ist, können die Feinwurzeln etwas freigelegt werden. Damit erleichtert man es der Pflanze, schneller Fuß zu fassen. Das Pflanzloch wird geschlossen, die Hohlräume verfüllt. Bei nässeempfindlichen Pflanzen deckt man die Oberfläche mit einer dünnen Kiesschicht ab. Sie bewirkt, dass die Blätter bei Feuchtigkeit schneller abtrocknen können und nicht auf der feuchten Erde aufliegen. Abgestorbene oder kranke Pflanzenteile werden unmittelbar entfernt und entsorgt, denn sie stellen eine Infektionsquelle dar. Die frische Pflanzung sollte angegossen werden, das direkte Überbrausen der Pflanzen ist jedoch zu vermeiden. Starke Feuchtigkeit auf dem Laub kann zu Pilzinfektionen führen. Daher ist es sinnvoller, den Boden im direkten Umfeld zu wässern. Durch die Kapillarität

dringt die Feuchtigkeit bis an die Wurzeln der jungen Pflanzen.

Die Pflanzabstände sind abhängig von der Wuchsbreite und ihrer Größe. Zu dichte Abstände empfehlen sich nicht, denn häufiges Umpflanzen führt zu Entwicklungsstörungen.

PFLANZUNG IM STEINGARTEN

Die Pflanzung im Steingarten ist etwas schwieriger als in normalen Beeten, denn hier sind die Pflanzen in schmale Fugen einzusetzen. Große Topf- und Wurzelballen werden vorher behutsam geteilt. Bei tiefwurzelnden Pflanzen können Pflanzlöcher mit leichter Neigung ins Tuffgestein gebohrt werden. Die Wurzeln suchen sich ihren Weg und verankern sich fest an ihrem neuen Standort.

Topfballen sind von Frühjahr bis Herbst pflanzbar.

STANDORTE MARKIEREN

Einige Stauden, Knollen- und Zwiebelpflanzen besitzen eine verkürzte Vegetationszeit. Sie ziehen bereits nach der Blüte, mitten im Jahr ein. Damit sie nicht den laufenden Pflegearbeiten zum Opfer fallen, hilft es, ein Markierholz oder Namensetikett als Hinweis zur Pflanze zu stecken.

Vermeiden Sie Kunststoffetiketten – sobald die Sonne dem Kunststoff die Weichmacher entzogen hat, zerfallen sie in tausend Einzelteile.

Wird die Pflanze samt Namensetikett nach der Pflanzung fotografiert, lässt sie sich auch nach Jahren gut identifizieren.

Nässeschutz ist oft wichtiger als Schutz vor Frost.

Gewachsene Kombination aus Gehölzen und Stauden im frühlingshaften Hanggarten

PFLEGE
– SCHARFSINNIG MIT GRÜNEM DAUMEN

Gartenjuwelen sind nicht grundlos selten. Im Gegensatz zu gewöhnlichen Pflanzen fordern sie deutlich mehr Aufmerksamkeit, denn sie reagieren auf äußere Einflüsse empfindlicher.

Die Herausforderung bei der Kultur seltener Pflanzen ist es, ihre Ansprüche und Wünsche lesen zu lernen. Zwar sind die groben Ansprüche bekannt, aber am einzelnen Standort können Pflanzen unerwartet reagieren. Es gibt auch keine allgemeingültigen Regeln, wie man bei Entwicklungsproblemen vorgehen muss. Beobachtungsgabe und Experimentierfreude helfen weiter. Grundsätzlich ähneln sich die Pflegemaßnahmen denen gewöhnlicher Gartenpflanzen. Jede Pflanze benötigt zum Leben Licht, Wasser und Nährstoffe, die sich vom Naturstandort ableiten. Der Unterschied liegt eher darin, wie viel, wie häufig und zu welchem Zeitpunkt die Pflegemaßnahmen notwendig sind.

WASSER UND DÜNGER
Gewöhnliche Pflanzen sind gegenüber zu hohen Wasser- und Düngergaben vergleichsweise tolerant. Anders jedoch bei den Pfleglingen: Wasser

Gesunde Pflanzen sind das Ergebnis einer guten Pflege.

Nährstoffreiches Schnittgut

BEINWELL ALS WACHSTUMSFÖRDERER

Kompost aus Beinwell *(Symphytum)* hat sich meiner Erfahrung nach als natürliches Wachstumskonzentrat herausgestellt. Neben einem hohen Nährstoffgehalt, wirkt er sich aktivierend auf das Bodenleben aus. Da Beinwell jedoch häufig von Echtem Mehltau befallen wird, sollten nur saubere, gesunde Blätter kompostiert werden, um Sporeneintrag zu vermeiden.

und Nährstoffe verabreicht man ihnen nicht auf Vorrat, sondern nur bei Bedarf. Damit fallen die regelmäßigen Pflegearbeiten nicht für das gesamte Beet an, sondern werden auf die einzelne Pflanze angepasst. Je ähnlicher sich die Pflanzen in ihrer Physiologie sind, d. h. je ähnlicher sie sich in ihrem Erscheinungsbild sind, zum Beispiel große Blätter, krustige Blattrosetten, tief eindringende Wurzeln, desto mehr gleichen sie sich auch in ihren Ansprüchen und ihrem Pflegebedarf.

Dünger wird bei Gartenraritäten selten verabreicht. Pflanzen von mageren Standorten benötigen nur ein Mindestmaß an Nährstoffen, die im Zuge der natürlichen Zersetzungsprozesse anfallen und im Normalfall ausreichen. Waldpflanzen besitzen einen deutlich höheren Nährstoffbedarf, der sich jedoch mit der Gabe von (Laub-)Kompost auf natürliche Weise decken lässt. Achten Sie bei der Verwendung von Düngern aus dem Fachhandel, dass sie nur eine schwache Salzkonzentration und einen geringen Chloridgehalt aufweisen.

PUTZ- UND SCHNITTARBEITEN

Zu den weiteren notwendigen Pflegearbeiten zählen regelmäßige Putz- und Schnittarbeiten. Wildwuchs ist ein Problem, denn unerwünschte Kräuter legen meist schneller zu. Ein Verdrängungswettbewerb geht in der Regel zulasten der schwachwüchsigen Pflanzen. Ein weiterer Nebeneffekt der zunehmenden Pflanzendichte ist die Reduktion der Luftbewegungen und ein Anstieg der Feuchtigkeit. Damit sind die Voraussetzungen für Pilzinfektionen erfüllt. Keimende Unkräuter sollten daher penibel entfernt werden.

Fallen bei Kontrollen verblühte oder abgestorbene Pflanzenteile auf, werden diese mit der Schere oder einem scharfen Messer abgeschnitten. Auch sie können sich zu einer Infektionsquelle entwickeln. Gleichzeitig können Sie nach Schädlingen Ausschau halten. Insbesondere Schnecken ziehen sich tagsüber in dichte Polster zurück und richten nachts immense Schäden an. Einfach absammeln und entsorgen! Das gleiche Vorgehen empfiehlt sich bei ihren Eiergelegen.

Ohne Schneiden geht es nicht.

MANGELSYMPTOME ERKENNEN

Bei Gartenraritäten muss man unterscheiden, ob die Pflanze von Natur aus so langsam wächst oder ob ihr etwas fehlt. Besitzt die Pflanze ein gesundes Blattgrün, sind ihre Blätter arttypisch aufgerichtet und wirkt sie im Erscheinungsbild gesund, braucht man sich keine Sorgen zu machen. Wirken die Blätter hingegen fahl oder die Pflanze im Ganzen kümmerlich, so besteht Handlungsbedarf. Nach dem Ausschlussprinzip lassen sich mögliche Ursachen abarbeiten, beispielsweise Schädlingsbefall, Krankheiten oder Standortschwächen. Meist hat man es nicht mit einem einzelnen Grund zu tun, sondern mit einer Verkettung mehrerer Faktoren: Insektenfraß führt oft zu Pilzbefall, ein falscher pH-Wert des Bodens hat Kümmerwuchs zur Folge, was wiederum zu einem Krankheitsbefall und schlimmstenfalls zum Tod der Pflanze führen kann. Deutet oberirdisch nichts auf negative Einflüsse hin, ist erfahrungsgemäß die Ursache unter der Bodenoberfläche zu suchen. Durch einen falschen pH-Wert kann die Nährstoffaufnahme gestört sein. Auch ein zu geringer Humusgehalt kann bedürftige Pflanzen hungern lassen. Andere Pflanzen vertragen kein schützendes Mulch. Die Liste ließe sich weiter fortsetzen, denn Ursachen kann es viele geben. Manchmal reicht bereits ein Umpflanzen aus. Pflanzt man mehrere Exemplare einer Art an unterschiedlichen Stellen im Garten, lassen sich auf diese Weise mögliche Standortnachteile besser nachzuvollziehen und langfristig beheben.

PROFIHILFE SUCHEN!

Häufig tappt man mit seinen Vermutungen im Dunkeln. Schnellere Hilfe bringt die Fachkenntnis von Profis wie einem Bodenuntersuchungslabor oder Pflanzenschutzämtern. Sie haben bessere Möglichkeiten, eventuelle Probleme zu erkennen und Empfehlungen bzw. Handlungsanweisungen auszusprechen.

Starke Blattflecken deuten auf einen Pilzbefall an *Dysosma pleiantha* hin.

WEITERE SCHUTZMASSNAHMEN

Vögel und andere Kleintiere stellen auf den ersten Blick keine große Gefahr dar. Jedoch sind sie es, die die größten Schäden anrichten. Junge Sämlinge, der frische Austrieb oder kleine Pflanzen werden von ihnen zwar nicht gefressen, aber bei der Nahrungssuche herausgezupft. Die freiliegenden Jungpflanzen halten das nicht lange aus und sterben. Ähnlich verhält es sich mit Mäuse fangenden Hauskatzen. Betroffen sind insbesondere Topfkulturen, denn in den Zwischenräumen fühlen sich die nagenden Schädlinge wohl. Die Katzen nehmen bei ihrer Jagd keine Rücksicht darauf, wie viel Arbeit und Leidenschaft in den Töpfen wächst. Maschendraht oder Vogelschutznetze sorgen für etwas Schutz. Schutzmaßnahmen sind auch vor dem Winter notwendig, denn Topfkulturen sind aufgrund des Durchfrierens gefährdet und auch im Freiland reagieren manche Pflanzen auf strenge Fröste empfindlich. Als Frostschutz bieten sich Frostschutzvlies oder Tannenreisig an. Auch trockenes Laub kann verwendet werden, es sollte aber mit einer Folie vor Durchnässung geschützt werden. Wird das Laub feucht, greift der Zersetzungsprozess auch auf die darunter befindlichen Pflanzen über. Aufgeschüttete Kiefernnadeln eignen sich ebenfalls gut als Isolation. Damit der Boden nicht zu sehr versauert, sind sie im Frühjahr jedoch unbedingt wieder vom Beet zu entfernen.

„Frühzeitiges Erkennen und Eingreifen verhindert Kettenreaktionen."

Moos kann schwachwüchsige Pflanzen überwuchern.

VERMEHRUNGSMETHODEN

Es ist der Anspruch eines jeden Gartenliebhabers, seine gleichermaßen wertvollen wie langsam wachsenden Schätze zu vervielfältigen. Manchmal ist das alles andere als einfach.

Die An- und Aufzucht seltener Pflanzen ist langwierig und beansprucht oft eine Menge Geduld. Es können Jahre ins Land gehen, bevor sich die erste Blüte zeigt.

AUSSAAT – GENERATIVE VERMEHRUNG

Alle Arten von Blütenpflanzen bilden nach der Bestäubung ihrer Fruchtgefäße Samen. Sobald sie reif sind, können sie geerntet werden. Eine Ausnahme bilden einige Vertreter der Hahnenfußgewächse, deren Samen bereits im unreifen Zustand geerntet und ausgesät werden. Die Aussaat erfolgt abhängig von den Keimeigenschaften der Pflanze unmittelbar nach der Ernte oder später. Es ist sinnvoll, sich an der Natur zu orientieren und die Aussaat noch im gleichen Jahr vorzunehmen. Insbesondere Kaltkeimer benötigen einen Kältereiz. Das Zeitfenster zwischen den Jahren bietet sich als letzter Aussaattermin an.

Wird der Samen gelagert, sollte er trocken, dunkel und kühl aufbewahrt werden. Die Kennzeichnung mit botanischem Namen und

Mittels Pinsel oder Stäbchen kann bei der Bestäubung nachgeholfen werden.

Eingepackte Fruchtstände verhindern den Samenverlust. Reifes Saatgut wird aufgefangen.

Dekorative Samenstände bei *Dictamnus albus*

Sammeldatum ist selbstverständlich. Eine längere Lagerung ist nicht zu empfehlen, denn das Saatgut verliert nach und nach seine Keimfähigkeit. Aussaaten, die sich im Folgejahr noch nicht regen, sollten weiter gepflegt werden: Die Aussaaten bleiben stehen und werden regelmäßig weiter feucht gehalten. Zum Teil laufen Sämlinge noch drei bis vier Jahre nach der Aussaat auf, wie beispielsweise der Schwerkeimer *Paris*.

Die Samen regen sich selten im ersten Jahr nach der Aussaat.

VEGETATIVE VERMEHRUNG

Teilweise können von der Aussaat bis zur ersten Blüte fünf bis zehn Jahre vergehen. Verkürzen lässt sich dieser Zeitraum durch vegetative (ungeschlechtliche) Vermehrungsmethoden, die meist schnellere Ergebnisse bringen.

Akute Verwechslungsgefahr mit Heidelbeeren – die Beeren von *Peris quadrifolia* sind giftig. Es kann bis zu drei Jahre dauern, bis die Samen keimen.

Aussaat der Samen von *Erythronium revolutum*

Stecklingsvermehrung von *Stachys lavandulifolia*

STECKLINGE

Triebbildende Pflanzen lassen sich mitunter durch Stecklinge vermehren. Die Bewurzelung geht jedoch häufig mit Ausfällen einher. Beim Schneiden der Triebspitzen ist ein sauberes Messer zu verwenden. Im kühlen schattierten Frühbeet oder an einem lichten Platz fühlen sich die Stecklinge am besten aufgehoben. Die Bewurzelung dauert zwar länger, aber die Erfolgschancen sind höher. Die leichte Schattierung bewirkt ein gleichmäßigeres Klima, wodurch die geschnittenen Triebspitzen etwas weniger Stress ausgesetzt sind. Rosettenpflanzen bilden keine klassischen Triebspitzen. Unter Umständen kann die Vermehrung durch Blattstecklinge funktionieren, zum Beispiel bei *Lewisia tweedyi* oder *Ramonda myconi*. Sie bewurzeln sehr unterschiedlich – mal

funktioniert es recht gut und beim nächsten Mal erleidet man einen Totalausfall. Ein botanisches Glücksspiel.

TEILUNG

Die Teilung der Wurzelstöcke oder Rhizome bzw. die Abnahme von Brutzwiebeln ist sehr verbreitet. Diese Vermehrungsform ist relativ einfach und verspricht zunächst den besten Erfolg. Sie birgt jedoch auch die größte Gefahr, denn durch das Ausgraben stört man die Pflanze massiv an ihrem Standort. Es ist nicht ausgeschlossen, dass die Teilungsstücke nach dem Wiedereinsetzen nicht mehr anwachsen und eingehen. Eine Ranzanie beispielsweise braucht viele Jahre, um einen teilungsfähigen Wurzelstock auszubilden. Wenn die Teilungsstücke

Vermehrungssubstrate selbst herstellen

Blattstecklinge von *Ramonda myconi*

nicht anwachsen, hat man einen irreparablen Totalschaden. Dann sollte man sich sicher sein, ob man die Pflanze wirklich vermehren möchte.

ABSENKER

Einige Pflanzen, zu denen auch der Bärlapp *(Lycopodium)* zählt, lassen sich weder durch Stecklinge noch durch Teilung gut vermehren. Sie bilden allerdings lange Triebe, die abgesenkt werden können. Wenn man sie in einen Topf bringen möchte, lässt man um die Pflanze Tontöpfe ein und fixiert die Triebe im Topfsubstrat. Sobald sie Wurzeln geschlagen haben, können die Triebe von der Mutterpflanze abgetrennt und die Jungpflanzen andernorts ausgepflanzt werden.

Rhizomteilung von *Sanguinaria canadensis*

STAUDEN
— *Blick in die Schatztruhe*

Trillium kurabayashii, Waldlilie

DER BLÜTEN- & STAUDENGARTEN

— Ein wahrer Augenschmaus

Staudengärten sind der Inbegriff von Blüten- und Farbreichtum. Sie bieten mehrjährigen Gartenpflanzen ein Zuhause, in dem sie sich wohlfühlen und von ihrer schönsten Seite zeigen können.

S taudengärten sind häufig in verschiedene Bereiche, Beete und Rabatten untergliedert. Ihre Gestaltung ist sehr individuell, ganz nach dem Geschmack des jeweiligen Gärtners. Die Gärten sind nicht an eine reine Staudenverwendung gebunden, auch Sommerblumen, Gehölze oder Gräser werden als Bereicherung integriert.

DER PERFEKTE STANDORT

Bei der Anlage und Gestaltung von Staudengärten ist man frei, jedoch bedarf es einiger grundlegender Vorgedanken und Planungen. Grundsätzlich gilt, dass ein Standort die Anforderungen der Pflanzen erfüllen muss oder umgekehrt, die Pflanzen für die vorherrschenden Standorteigenschaften geeignet sein müssen. Die Bepflanzung ist daher auf die vorherrschenden Standorteigenschaften abzustimmen.

Staudengärten sind unweigerlich mit Blütenpflanzen verbunden. Voraussetzung für die Blütenbildung ist Sonnenlicht, das zugleich Standortmerkmal sein sollte. Selbstverständlich besitzen die meisten Stauden eine gute Toleranz, wodurch sie auch mit leichtem Halbschatten leben können. Der Boden als Standortfaktor ist für Staudengärten zweitrangig, sofern es sich um einen ansatzweise normalen Gartenboden handelt. Extremböden müssten hingegen für die Pflanzenkultur verbessert werden. Dazu zählt das Einarbeiten von Kompost und Humus in leichte Sandböden, um die Nährstoff- und Wasserspeicherfähigkeit zu erhöhen. Dränagematerial, zum Beispiel Sand oder Kies, lockern schwere, tonige Lehmböden auf und verbessern das Porenverhältnis der Erde.

Morina longifolia zwischen Blütenstauden

STAUDEN KOMBINIEREN

Nicht weniger wichtig sind die unterschiedlichen Wuchshöhen und -breiten der Pflanzen. Die Höhen variieren zwischen einigen Zentimetern bis teils wenigen Metern. Diese enorme Spannbreite sorgt dafür, dass die Pflanzen einen unterschiedlichen Platzbedarf besitzen und entsprechend kombiniert werden können. Pflanzen von geringer Höhe werden im Vordergrund, höhere Pflanzen in den Hintergrund gesetzt. Auf diese Weise vermeidet man, dass kleinere Stauden aus dem Blickfeld verschwinden. Zudem sollten alle Pflanzen ausreichend Licht erhalten. Gestalterisch ist es sinnvoll, Blütezeit und Blütenfarben zu berücksichtigen. Eine Verteilung der Pflanzen erfolgt in der Art, dass Blühpunkte der jeweiligen Jahreszeit über die gesamte Pflanzung großzügig verteilt werden. Eine starke Konzentration führt dazu, dass Bereiche blütenlos und wenig dekorativ wirken, denn Stauden blühen zeitlich nur begrenzt.

PFLEGEAUFWAND – REGELMÄSSIG, ABER ÜBERSCHAUBAR

Obwohl Staudengärten ein geringer Pflegeaufwand nachgesagt wird, ist diese Aussage nur bedingt richtig. Überlässt man den Garten sich selbst, verwildert er bereits nach kurzer Zeit. Jeder Garten bedarf einer erfahrenen Hand, die pflegt, fördert oder eindämmt. Zwar sind jährliche Bodenbearbeitungen und Pflanzarbeiten nicht notwendig, doch fallen regelmäßig Säuberungs- und Schnittmaßnahmen sowie alle paar Jahre die verjüngende Teilung größerer Horste an. Schönheit ist vergänglich – nirgends wird das deutlicher als im Blütengarten. Sobald der Blütenflor vorüber ist, verliert der Garten an Attraktivität. Je nach Pflanze bewirkt ein mäßiger oder radikaler Rückschnitt neues Wachstum und eine neue Blütenbildung. Zahlreiche Frühsommerstauden blühen oftmals nach einem Rückschnitt ein zweites Mal. Auch empfehlen sich vorsorgliche Rückschnitte in feuchten Jahren. Ein dichter Bestand verhindert den Luftaustausch und ist Nährboden für Krankheiten und Schädlinge. Teilungsarbeiten dienen nicht allein dem Ziel einer Vermehrung, sondern auch der Pflanzenverjüngung. Nach einigen Jahren setzt in Staudenpflanzungen ein Verdrängungswettbewerb ein. Die Folge ist, dass schwächere Pflanzen nach und nach verschwinden. Daher sind wuchsstarke Stauden zu bändigen und in regelmäßigen Abständen zu verkleinern.

ACANTHOLIMON
– STECHNELKE, IGELPOLSTER

Die Namen Stechnelke und auch Igelpolster umschreiben treffend das Wesen dieser immergrünen Pflanzen. Ihre Triebe enden mit stacheligen Rosetten, die sich zu einem dichten Polster formieren.

Die Pflanzen wachsen sehr langsam und benötigen viele Jahre, bis ansehnliche Polster entstanden sind. Im Sommer bilden sich dichte Blütenähren in einer hell- bis mittelrosa Farbe.

Acantholimon ulicinum

Etwa 120 Arten der mattenbildenden Pflanzen bevölkern Steppen- und Gebirgsregionen von Südeuropa bis nach Zentralasien.

IM GARTEN

Stechnelken sind beliebt in Steingarten, Alpinum oder auf Trockenmauern. In Mitteleuropa sind hauptsächlich drei Arten in Kultur, da nur sie über eine ausreichende Frosthärte verfügen. Trotz ihrer Robustheit empfiehlt sich wegen des immergrünen Laubs bei starken Kahlfrösten eine Abdeckung oder ein schützendes Vlies. Die immergrünen Stauden wünschen trockene Sonnenlagen, die im Winter vor eisigen Winden geschützt liegen. Ihre Wurzeln dringen tief in Felsspalten ein. Es ist davon abzuraten, etablierte Exemplare umzupflanzen. Sinnvoller ist der Versuch einer Vermehrung.

VERMEHRUNG

Erfolg verspricht das Anhäufeln eines Pflanzenteils mit sandiger Erde. Die Triebe bilden bis zum Folgejahr neue Wurzeln und können dann von der Mutterpflanze getrennt und vereinzelt werden. Samen keimen nur selten und sehr ungleichmäßig.

☞ VERBREITETE ARTEN

ARTNAME	EIGENSCHAFTEN	WUCHS	BLÜTE	BLÜTEZEIT
A. glumaceum	dünne nadelartige Blätter, festes grünes Polster	↕ 10 cm | ↔ 30 cm	dunkelrosa	VI–VII
A. ulicinum	seltenere Art mit bläulichem Laub und dichten Polstern	↕ 10 cm | ↔ 30 cm	rosa	VI–VII
A. venustum	blaugrüne, leicht silbrig umrandete Blätter, gedrängte Rosettenpolster	↕ 10 cm | ↔ 20 cm	rosa	VI–VII

ADONIS
– ADONISRÖSCHEN

Benannt wurden die beliebten Frühjahrsblüher nach dem Geliebten der Aphrodite, aus dessen Blut nach seinem gewaltsamen Tode eine granatrote Blume entsprang. Diese rote Art zählt zu den einjährigen Adonisröschen (Sektion Adonis) und wird auch als Teufelsauge bezeichnet.

Als Sammlerobjekte gelten weniger die einjährigen als die frühjahrsblühenden Staudenarten (Sektion Consiligo). Das Amur-Adonisröschen (*Adonis amurensis* hort.) blüht großblumig gelb bereits vor den Winterlingen, häufig durchstößt es bereits die schmelzende Schneedecke. Der frische Laubaustrieb zeigt sich noch dunkel und färbt sich später grün. Das Frühlings-Adonisröschen *(Adonis vernalis)* ist hierzulande heimisch. An vereinzelten Standorten (z. B. Oderbruch) kann es in der Natur bewundert werden, wo es streng unter Naturschutz steht.

IM GARTEN
Adonisröschen wachsen sehr langsam und möchten nicht gestört werden. Sonnige Plätze mit gut dränierter Erde bieten eine optimale Kulturbasis. Im asiatischen, speziell japanischen Raum sind faszinierende Züchtungen und Sorten zu finden. Hierzulande sind Kreuzungen seltener anzutreffen. Als wertvolle Frühlingsstauden bereichern sie Stein-, Stauden- und Vorgärten.

VERMEHRUNG
Die Vermehrung des Frühlings-Adonisröschens ist durch Samen möglich. Reife Samen sind unmittelbar mit der Reife abzunehmen und auszusäen. Das Lagern der Samen führt zum Verlust der Keimfähigkeit. Vegetativ lassen sich größere Exemplare alle drei bis fünf Jahre teilen. Die Teilung wird im Herbst nach dem Wechsel in die Ruhephase mit Vorsicht durchgeführt. Die Teilungsstücke benötigen eine lange Zeit, bis sie sich etabliert haben. Verluste sollten einkalkuliert werden. Bei fast allen Exemplaren des Amur-Adonisröschens handelt es sich jedoch um eine Kulturform (hort.). Sie bildet keine Samen aus und kann deshalb nur vegetativ vermehrt werden.

Adonis amurensis

☞ VERBREITETE ARTEN

ARTNAME	EIGENSCHAFTEN	WUCHS	BLÜTE	BLÜTEZEIT
A. amurensis	Laubaustrieb anfangs dunkel, später grün, Blätter wirken wie das Laub des Königsfarns	↕ 30 cm | ↔ 20 cm	gelb	II–III
A. vernalis	steht unter strengem Naturschutz	↕ 35 cm | ↔ 45 cm	leuchtend gelb	III–IV

ANDROSACE
– MANNSSCHILD

Beim Mannschild handelt es sich um ein- bis mehrjährige Stauden, die in Rosetten lockere bis dichte Polster bilden.

Die botanische Bezeichnung reicht in die Antike zurück, wobei damit ursprünglich keine Pflanze, sondern kolonienbildende Meeres-Nesseltiere beschrieben wurden. Der Name fand erst viel später den Weg in die Botanik.

IM GARTEN
Die verschiedenen Arten sind in den Gebirgen der nördlichen Hemisphäre beheimatet. Sie wachsen in Felsspalten, Geröllfeldern und auf Grasstücken. Bis auf einzelne Arten gelten die Stauden als anspruchsvoll und im Flachland als heikel. Erfahrene Gärtner kultivieren Mannschilde im Steingarten, dem Schotterbeet oder in versenkten Töpfen im Alpinenhaus.
Die Zwergstauden lassen sich in gut durchlässiger Erde an heller, aber nicht vollsonniger Stelle kultivieren. Ideal gelten Nordseiten im Alpinum.

Der Boden kann etwas Humus enthalten, sollte jedoch sehr durchlässig und von Steinchen durchsetzt sein. Entscheidend für den Kulturerfolg der Arten ist der pH-Wert, der vom natürlichen Verbreitungsgebiet abhängt.
Aus den immergrünen Rosetten entwickeln sich zur jeweiligen Blütezeit wahre Blütenpolster, zusammengesetzt aus stiellosen oder kurzstieligen Blüten, die von Weiß bis Purpurrosa variieren.

VERMEHRUNG
Eine Vermehrung ist durch Samen oder durch die Aufzucht von Nebenrosetten möglich. Zahlreiche Arten gelten als Kaltkeimer und benötigen einen Kältereiz, um die Keimhemmung zu überwinden. Die Aussaat erfolgt entweder nach der Samenreife oder spätestens im Herbst in Töpfen.

Androsace carnea ssp. *brigantiaca*

Androsace cylindrica ssp. *hirtella*

Androsace sarmentosa

Anemone narcissiflora

Anemone nemorosa 'Robinsoniana'

ANEMONE
– WINDRÖSCHEN

Der Name leitet sich aus dem Griechischen ab, in dem das Wort *anemos* Wind bedeutet und sich auf die leicht abfallenden Blütenblätter bezieht. Etwas mehr als 100 Arten umfasst die Gattung der Windröschen, die auch im Deutschen häufig als Anemonen bezeichnet werden.

Botanisch ist in diesem Genus viel Bewegung, denn einige Arten von Leberblümchen *(Hepatica)* und Küchenschellen *(Pulsatilla)* werden nun, wie bereits vor Jahrzehnten, wieder den Anemonen zugeordnet. Botaniker streiten sich über die Zugehörigkeiten, eine einheitliche Taxonomie ist derzeit nicht erkennbar.

IM GARTEN
Windröschen sind sehr variabel und formenreich. Ihre Spannbreite reicht von bodendeckenden Waldpflanzen bis zu mächtigen Prachtstauden. Je nach Art werden sie in Blumen- und Staudengärten, als Unterpflanzung im Schatten oder für Steingärten verwendet. Einzelne Arten bilden querwachsende Rhizome, andere knollenartige Wurzelstöcke oder gruppenbildende Horste. So

schön die mächtigen Büsche der bekannten Herbst-Anemone *(Anemone hupehensis)* auch sind, Pflanzensammler sind mehr an den kleineren Arten interessiert. Sie wachsen in der Regel in Wäldern auf humosen Böden und sind für Schattengärten im Frühjahr eine wichtige Bereicherung als Bodendecker.

VERMEHRUNG
Windröschen lassen sich einerseits durch frisches Saatgut oder vegetativ durch Teilung der Wurzelstöcke bzw. Rhizome vermehren. Beim Aussäen sollte etwas Geduld mitgebracht werden, denn Hahnenfußgewächse sind nicht für schnelle Keimerfolge bekannt. Es empfiehlt sich, die Aussaaten zwei bis drei Jahre weiterzupflegen. Sämlinge können in diesem langen Zeitraum unregelmäßig keimen.

Anemone nemorosa 'Vestal'

Anemone ranunculoides 'Pleniflora'

👉 VERBREITETE ARTEN UND FORMEN

ARTNAME	EIGENSCHAFTEN	WUCHS	BLÜTE	BLÜTEZEIT
A. apennina	Apennin-Windröschen ist eine Waldanemone Südeuropas, die unserem Buschwindröschen ähnelt, wird aber etwas größer und wächst aufgerichteter	↕ 20 cm | ↔ 30 cm	himmelblau, Formen in Rosa oder Weiß, auch gefüllt	III–IV
A. narcissiflora	Berghähnchen bzw. Narzissen-Anemone kommt in Europa von den Alpen bis in die Pyrenäen vor, liebt Streu- oder Halbschatten; es dauert einige Zeit, bis sich frisch eingesetzte Pflanzen mit dem neuen Standort angefreundet haben.	↕ 35 cm | ↔ 30 cm	weiße Schalenblüten	V–VI
A. nemorosa	vom Gewöhnlichen Buschwindröschen gibt es beachtenswerte Auslesen: Sorte 'Vestal' besitzt gefüllte Blüten, 'Blue Eyes' gefüllte Blüten mit einem blauen Auge und 'Robinsoniana' blüht großblumig violettblau	↕ 15 cm | ↔ 30 cm	weiß, rosa, violettblau	III–IV
A. ranunculoides	Goldwindröschen ähneln Buschwindröschen, interessante Formen: 'Semiplena' mit halbgefüllten Blüten und die seltene vollgefüllte Form 'Pleniflora'	↕ 15 cm | ↔ 30 cm	gelb	III–IV
A. sylvestris 'Polish Star'	besondere Auslese des Wald-Windröschens aus einem Liebhabergarten in Polen, besitzt außergewöhnlich gefranste Blüten	↕ 40 cm | ↔ 30 cm	weiß	IV–V

ANEMONELLA
– RAUTENANEMONE

Die Gattung *Anemonella* besitzt nur eine Art, die in den Laubwäldern Nordamerikas verbreitet ist. Sie hat ein zartes, fast zerbrechliches Wesen.

Anemonella thalictroides f. *rosea* 'Oscar Schoaf'

Die Rautenanemone *(Anemonella thalictroides)* bildet knollige Rhizome. Aus ihnen erwachsen zwei- bis dreifach dreifingrige Blätter, fast wie kleine Farnwedel. Am Ende der schlanken Sprosse erscheinen im Frühling weiße bis blassrosa Schalenblüten in einer Größe von etwa 2 cm.

IM GARTEN

Rautenanemonen sind gute Schattenpflanzen, die gern in Begleitung von Waldlilien *(Trillium)* oder Kanadischer Blutwurz *(Sanguinaria)* wachsen. Im Normalfall bleiben die Pflanzen klein und horstig. Die Waldstauden ziehen mit dem Beginn der Sommerhitze ein und wechseln in die Ruhephase. Damit hinterlassen sie eine kahle Fläche. Als Standort kommt Halb- und Streuschatten infrage, bevorzugt als Unterpflanzung von Sträuchern oder lichten Laubbäumen. Der Boden sollte humusreich, locker und frisch sein, ohne zur Staunässe zu neigen. Sie vertragen Fröste, sind aber für Schneckenfraß im Frühling sehr anfällig.

WALDBODEN-ERSATZ
Für die Kultur von Waldpflanzen mit hohem Humusanspruch ist es ratsam, bereits ein Jahr vor der Pflanzung Laubkompost aufzusetzen. Nach dieser Zeit ist das Laub weitestgehend zersetzt und bildet mit durchlässigem Gartenboden (Verhältnis 2:1 oder 3:1) als Gemisch optimale Bodenbedingungen. Grobe Bestandteile, beispielsweise Holzstücke, müssen nicht ausgesiebt werden. Zur Pflanzung wird eine größere Pflanzgrube ausgehoben und mit dem humosen Substrat vollständig aufgefüllt.

VERMEHRUNG
Samen können geerntet und anschließend in kalten Kästen ausgesät werden. In humosen Böden versamen sich die Pflanzen bereitwillig und bilden eine üppige Bodendecke.
Eine Teilung ist im zeitigen Frühjahr zu Beginn des Austriebs möglich.

☞ VERBREITETE ARTEN UND FORMEN

ARTNAME	EIGENSCHAFTEN	WUCHS	BLÜTE	BLÜTEZEIT
A. thalictroides 'Babe'	Ausfärbung der Blüten ist mit einem schönen Mittelrosa deutlich intensiver als das der reinen Art	↕ 10 cm | ↔ 20 cm	rosa	IV–V
A. thalictroides f. *rosea* 'Oscar Schoaf'	dicht gefüllte rosa Blüten zeichnen diese Sorte aus	↕ 10 cm | ↔ 5 cm	rosa, gefüllt	IV–V

Anemonopsis macrophylla

Anemonopsis macrophylla 'White Swan'

ANEMONOPSIS MACROPHYLLA
– SCHEINANEMONE

In den Bergwäldern Japans ist eine Staudenart beheimatet, die in ihrer Erscheinung an eine Anemone erinnert. Sowohl das Laub als auch ihre Blüten wirken anemonenähnlich.

Bei dieser Pflanze handelt es sich um eine wunderschöne Liebhaberpflanze mit auffallend großen Blüten. Sie bildet sommergrüne Horste, aus denen sich langgestielte Blätter entwickeln. Je nach Wetter blühen Scheinanemonen ab dem Hochsommer mit nickenden und halbgefüllten Blüten in lockeren Trauben.

Die Sorte 'White Swan' ist eine ziemlich selten vorkommende, weiß blühende Variante der Scheinanemone. Sie wächst auch etwas schwächer als die gewöhnliche Art und wird nur 75 cm hoch und 40 cm breit. Die Blütezeit erstreckt sich von Juli bis August.

IM GARTEN

Ein durchlässiger tiefgründiger Boden mit guter Fruchtbarkeit im Halb- und Vollschatten bildet die Voraussetzung für ein zügiges Wachstum. Die Pflanze ist in unseren Breiten gut frosthart, aber Spätfröste können dem jungen Austrieb und den Knospen an der Basis schaden. Es ist unbedingt ratsam, die Pflanzen bei Spätfrösten nochmals mit Vlies oder einem vergleichbaren Schutz abzudecken. Investiert man diese Mühe, wird man über Jahre mit treuen Gartenbegleitern belohnt.

VERMEHRUNG

Die Vermehrung erfolgt durch frische Samen oder Teilung. Frische Samen sind nach der Ernte in Tontöpfe auszusäen. Lange Lagerung verringert die Keimerfolge.

Geteilt wird im Frühjahr mit beginnendem Austrieb oder im Herbst beim Absterben des Sprosses.

KURZFRISTIGER FROSTSCHUTZ

Spätfröste sind für viele Pflanzen und ihren Austrieb schädlich. Da es sich meist nur um einzelne Frühlingsnächte mit Frostgefahr handelt, können große Blumentöpfe als kurzzeitiger Frostschutz über die Pflanzen gestülpt werden. Sie verhindern grobe Frostschäden, sind schnell verteilt und rasch wieder aufgeräumt.

ANTHERICUM
– GRASLILIE

Die Gattung der Graslilien umfasst insgesamt über 50 Arten, wovon hauptsächlich nur zwei Staudenarten für Steppen- und Kiesgärten kultiviert und angeboten werden.

Im Untergrund bilden die mehrjährigen Pflanzen fleischige Wurzeln, die zu einem kurzen Erdstamm zusammenlaufen. Die schmal-linealen Blätter treiben als grundständig, grasartig wirkende Büschel aus. Die Blütenschäfte bilden sich ab dem Frühsommer aus deren Mitte. Eine Vielzahl weißer lilienartiger Einzelblüten setzt sich zu Rispen oder Trauben zusammen. Nach dem Verblühen entwickeln sich braune Kapseln an den Stängeln, in denen sich die Samen verbergen.

IM GARTEN
In der Natur wachsen die Pflanzen an Hängen und in Grasformationen. Aufgrund ihrer Wuchshöhe von mehr als 70 cm kommen sie in Staudengärten, naturnahen Wildpflanzungen oder Steppenbeeten zur Verwendung. Ihre schlichte weiße Blüte begünstigt farbkräftige Stauden in der Nachbarschaft, denn sie schafft willkommene Kontraste. Ihre wahre Schönheit entwickeln Graslilien erst nach Jahren, wenn sie zu größeren Exemplaren herangewachsen sind. Sie bevorzugen sonnige Plätze und einen guten Wasserabzug im Boden. Etwas Kalk in der Erde wird gern angenommen. Der Austrieb im Frühjahr ist von Schneckenfraß bedroht.

VERMEHRUNG
An optimalen Standorten ist eine Selbstaussaat möglich. Die Samen können jedoch auch geerntet und im Herbst oder im Frühjahr in Töpfe im kalten Kasten ausgesät werden.

Anthericum liliago

👉 **VERBREITETE ARTEN**

ARTNAME	EIGENSCHAFTEN	WUCHS	BLÜTE	BLÜTEZEIT
A. liliago	Astlose Graslilie, in vielen Teilen Europas verbreitet, an den bis zu 75 cm hohen Schäften erscheinen im Frühsommer weiße lilienartige Blüten in Trauben	↕ 75 cm | ↔ 30 cm	weiß	VI–VII
A. ramosum	Ästige Graslilie, bewächst in Mittel- bis Südeuropa geneigte Waldböden, blüht spät im Hochsommer mit einer Vielzahl kleiner weißer Blüten in rispigen Trauben	↕ 90 cm | ↔ 50 cm	weiß	VII–VIII

ARALIA
– ARALIE

Aralien sind sommergrüne Gehölze und Stauden, die in den Bergwäldern Nordamerikas und Südostasiens heimisch sind. Die Namensherkunft ist nicht ausreichend bekannt, vermutlich stammt der Name aus der Sprache kanadischer Indianer.

Verholzende Arten werden auch als Angelikabaum bezeichnet. Die Pflanzen entwickeln ein imposantes Blätterkleid aus großem gefiedertem Laub. Zahlreiche weißliche Blüten sind kugelförmig in endständigen Rispen, in Dolden oder Cymen (Trugdolden) angeordnet. Nach der Blüte reifen sie zu schwarzen Früchten heran.

IM GARTEN

Ihr auffälliges Laub macht sie zu guten Blattschmuckpflanzen für Stauden- und Schattengärten. Sie können sowohl an offenen als auch an halbschattigen Plätzen wachsen. Windlagen sind als Standort ungeeignet, zumal strenge Frostwinde eine zusätzliche Gefahr mit sich bringen. Ein fruchtbarer humoser Boden mit einer gleichmäßigen Bodenfeuchtigkeit erfüllt die Ansprüche der dekorativen Blattpflanzen. Im Winter empfiehlt sich eine Abdeckung durch Reisig oder Tannennadeln, falls Kahlfröste drohen. Sobald die Fröste nachlassen, erwacht nicht nur der Austrieb, sondern auch die Schnecken, die das junge Grün äußerst schmackhaft finden.

VERMEHRUNG

Mit der Samenreife werden die Samen abgenommen und in Töpfe mit sandiger Vermehrungserde ausgesät. Werden sie über den Winter gelagert, kann die Kälteeinwirkung (Stratifikation) die Keimhemmung brechen.
Größere Pflanzenexemplare lassen sich im Frühjahr mit dem Erscheinen der ersten grünen Spitzen teilen.

Aralia cordata

👉 VERBREITETE ARTEN

ARTNAME	EIGENSCHAFTEN	WUCHS	BLÜTE	BLÜTEZEIT
A. cachemirica	in den mittleren Höhenlagen des nordwestlichen Himalajas heimisch, gut kälteresistent	↕ 150 cm | ↔ 100 cm	weiß	VII–VIII
A. cordata	in Japan und Korea beheimatet, bildet große herzförmige Blätter aus, den grünweißen Blüten im Juni folgen schwarze Beeren, die einen Fruchtschmuck bilden und Vögel anlocken	↕ 150 cm | ↔ 100 cm	grünweiß	VII–VIII
A. racemosa	Traubige Stauden-Aralie aus Nordamerika, blüht imposant in endständigen Trauben	↕ 250 cm | ↔ 120 cm	grünlichweiß	VI–VII

LEIDENSCHAFT FÜR ALPINE WINZLINGE
— *Hans Martin Schmidt*

Der Inhaber der Gärtnerei flora montana aus Feuchtwangen brennt seit seiner Gärtnerausbildung für die winzigen Gewächse der Hochgebirge und anderes Kleinwüchsiges.

Aussaaten – geschützt unter Vogelnetzen

Wie sind Sie zu Ihrer Leidenschaft und dem Sammeln von Alpinen und Pflanzen im Allgemeinen gekommen?

Ich bin in der dritten Generation einer Zierpflanzengärtnerei aufgewachsen, die 1908 durch den Großvater gegründet wurde und sich mit Schnittorchideen befasst hat. Während der Gärtnerausbildung durfte ich Felsenblümchen (*Draba*) vermehren und kam so das erste Mal mit Alpinen in Berührung. Seitdem haben mich die Winzlinge in ihren Bann gezogen.

Ihre Leidenschaft gehört den Alpinen. Sind Sie selbst gern in den Bergen unterwegs und was macht diese Faszination aus?

So oft ich kann, versuche ich in die Berge zu kommen, zuletzt die Dinariden und Karawanken. Durch den Umgang mit den Pflanzen kenne ich Verbreitungsgebiete, wonach die Reiseziele festgelegt werden. Die blühenden Bergwiesen und bunten Schotterpisten zeigen so eine große Vielfalt, wie man sie hierzulande kaum noch vorfindet. Das eine oder andere reife Samenkorn lädt natürlich ein, die Reise im Handgepäck mit ins Flachland anzutreten. Obwohl ich im Laufe der Jahre

„Die Sommer werden wärmer und trockener.“

Erfahrungsaustausch am Anzuchtbeet

schätzungsweise 5 000 verschiedene Pflanzen ausprobiert und kultiviert habe, hat man noch nicht ausgelernt und begegnet täglich Neuem. Das macht die Faszination seit meiner Kindheit aus.

Ihre Gebirgspflanzen-Gärtnerei liegt auf ca. 500 m ü. M. inmitten der Frankenhöhe. Eignet sich die Lage besonders gut für Alpine?

Die Höhen der Frankenhöhe lassen sich durchaus mit einer Mittelgebirgslage vergleichen. Es ist dort klimatisch ziemlich rau und die relativ offene Lage der Gärtnerei sorgt für windige Bedingungen. Für Alpine keine schlechten Voraussetzungen. Allerdings ist der Klimawandel hier deutlich zu spüren, die Sommer werden wärmer und trockener. Die Winter sind zwar immer noch etwas rauer, werden aber zusehends leider immer wärmer und ich freue mich über jede Schneeflocke. Das macht die Kultur von Gebirgspflanzen zunehmend schwieriger. Die vielen schönen Primeln aus dem Himalaja lassen sich hier leider nicht kultivieren. *Meconopsis* und andere eher kühl-feuchte Bedingungen benötigende Gattungen verabschieden sich in der Regel in den übermäßig warmen Sommermonaten. Auch der sinkende Grundwasserspiegel, wichtig für meinen Gießwasserbrunnen, und neue Probleme beim Pflanzenschutz bereiten mir Sorgenfalten auf der Stirn.

Das heißt, Sie kämpfen mit neuen Schädlingen?

In meiner Gärtnerei kultiviere ich meine Pflanzen nach biologischen Grundsätzen. Das schränkt die Möglichkeiten beim Pflanzenschutz ein. Seit geraumer Zeit verfolge ich die Zunahme von Trichterspinnen. Sie selbst sind kein direktes Problem für die Pflanzen. Sie weben jedoch ihre Gespinste knapp über den Pflanzen, wo sie den feinen Sprühnebel auffangen. Die Pflanzen darunter vertrocknen. Insbesondere bei Aussaaten und Jungpflanzen wird es zum immer stärkeren Problem, da es keine biologische Bekämpfungsmethode zu geben scheint.

Wenn Ihre Pflanzen biologisch gezogen werden, was bedeutet das genau für Sie?

Bei der Kultur geht es mir nicht um Gütesiegel, Marketing oder bessere Vermarktungschancen, sondern um eine artgerechte Haltung. Den Pflanzen sollen die Bedingungen gegeben werden, die sie auch in ähnlicher Form am natürlichen Standort vorfinden. Dazu gehören speziell auch mineralische Substrate, in denen sie langsam und natürlich wachsen. Ich verwende seit Jahren torffreie Substrate, die hervorragend funktionieren. Dafür sind meine Pflanzen kleiner und benötigen bis zum Verkauf mehr Zeit. Dieser Aufwand ist es mir wert, denn viele Kunden sind nach ihrem ersten Kauf zu Stammkunden geworden und das Kundenfeedback ist grundlegend positiv.

Apropos Kunden – wer sind Ihre Kunden?

Ich fahre seit vielen Jahren auf Pflanzen- und Spezialmärkte in Deutschland und Österreich. Dort treffen sich Pflanzenliebhaber, erfreulicherweise zunehmend jüngeres Publikum. Zahlreiche Pflanzensammler halten mir seit Jahren die Treue und schauen regelmäßig, um welche Neuheiten mein Sortiment ergänzt wurde.

BELAMCANDA
– LEOPARDENBLUME, PANTHERBLUME

Als Leopardenblumen werden die beiden aus Ostasien stammenden Staudenarten dieser Gattung bezeichnet. In der Gartenkultur ist weitestgehend nur
die Art *Belamcanda chinensis* bekannt.

Neuerdings werden die Pflanzen den Schwert-
lilien *Iris domestica* zugeordnet, obwohl sich ihre
Blüten sehr von denen ihrer Verwandten unterscheiden. Sie bewohnen Küstengebiete zwischen
Japan, Russland, China und Nordindien. Aus
kurzen Rhizomen treiben schwertförmige Blätter,
die fächerförmig angeordnet sind. Während des
Sommers entwickeln sich verzweigte Blütenspros-
se, die zumeist orangefarbene, teils auch gelbe
Blüten mit einer auffälligen kastanienbraunen
Punktierung aufweisen. Sie bestehen aus sechs
Blütenblättern und hervortretenden Staubgefä-
ßen. Im Herbst folgen den Blüten Früchte mit
drei Kammern, die glänzende tiefschwarze Samen
enthalten. Zur Reife platzen die Früchte auf und
verteilen die Samen in der nahen Umgebung.
In der traditionellen chinesischen Medizin (TCM)
gilt die Leopardenblume seit fast 2 000 Jahren
als Heilpflanze, die wegen ihrer desinfizierenden
Wirkung gegen verschiedene Bakterien, Pilze
und Viren bei unterschiedlichen Erkrankungen
geschätzt wird.

IM GARTEN
Die Leopardenblume ist eine wundervolle Zier-
pflanze für den Garten. Mit ihren 70 bis 90 cm
Wuchshöhe ist sie eine wertvolle Bereicherung
für Staudenbeete, krautige Rabatten, Kies- und
Steinbeeten, oder den Hintergrund von Steingärten. Die rhizombildende Staude wünscht sonnige
Lagen, verträgt jedoch auch leichten Halbschatten.
Ein humusreicher frischer Boden mit gutem
Wasserabzug sorgt für optimales Wurzelwachstum. Es ist darauf zu achten, dass der Boden auch
im Sommer nicht austrocknet. Passende Begleitpflanzen sind beispielsweise Prachtkerzen

(Gaura), Schleierkraut *(Gypsophila)* oder die
Kanadische Dreiblattspiere *(Gillenia trifoliata)*.
In strengen Wintern können die Rhizome Scha-
den nehmen. Ein Frostschutz aus trockenem
Laub- oder Nadelmulch sichert das Fortkommen.

VERMEHRUNG
Die Samen werden im Frühjahr ausgesät und im
kalten Kasten aufgestellt. Binnen 15 Tagen kann
die Keimung einsetzen. Größere Exemplare lassen
sich im Frühjahr bei beginnendem Austrieb auch
problemlos teilen und versetzen.

Belamcanda chinensis

Berkheya cirsiifolia

BERKHEYA
– SÜDAFRIKANISCHE DISTEL

Im südlichen Afrika ist eine Distelgattung beheimatet, die es bis nach Europa in die Gärten geschafft hat. Benannt ist sie nach J. L. F. Berkhey, einem niederländischen Arzt und Botaniker, der im 18. Jh. lebte.

Die ca. 80 Arten umfassen Zweijährige und Stauden bis hin zu Straucharten. In hiesigen Gärten sind einzelne Staudenarten in Kultur. Die Disteln werden aufgrund ihres Blattschmucks und ihrer langen Blütezeit geschätzt. Aus einer Pfahlwurzel wachsen fiederspaltige oder fiederteilige Distelblätter, deren Ränder Stacheln aufweisen und häufig unterseits behaart sind. Dekorativ sind die großen Korbblüten. Sie erscheinen fast den gesamten Sommer, häufig in Gelb, aber auch in Purpur oder Weiß.

IM GARTEN

In der Gartenkultur eignen sich die stacheligen Pflanzen für Kiesgärten oder Steppenbeete, an der Basis einer Trockenmauer oder Schotterbeeten. Sie lassen sich auch in Trögen und Kübeln ziehen. Wie sich schon vermuten lässt, lieben alle Disteln die volle Sonne, tiefgründigen und gut wasserdurchlässigen Boden. Sie sind frosthart, leiden jedoch unter Kahlfrösten und eisigen Winden. Winterschutz in Form einer vor Nässe schützenden Abdeckung verhindert jahreszeitliche Verluste.

Berkheya multijuga

Berkheya purpurea

VERMEHRUNG

Die Vermehrung erfolgt in der Regel durch Samen, der in ausreichendem Maße ausgebildet wird. Die Samen werden bereits im Herbst in Töpfen im geschützten Frühbeet ausgesät.

Eine Teilung ist im Frühjahr möglich, aber sie birgt durch die Stacheln Verletzungspotential. Zudem erholen sich geteilte Pflanzen nur sehr zögerlich.

☞ VERBREITETE ARTEN

ARTNAME	EIGENSCHAFTEN	WUCHS	BLÜTE	BLÜTEZEIT
B. cirsiifolia	große weiße Strahlenblüten und stark bestacheltes Laub	↕ 80 cm | ↔ 40 cm	weiß	VII–VIII
B. multijuga	südafrikanische Distelart mit schmalem, fiederteiligem, recht stark bestacheltem Laub	↕ 60 cm | ↔ 30 cm	gelbe Strahlenblüten	VII–VIII
B. purpurea	häufigste Art in der Gartenkultur, stachelige Blätter sind grundständig in einer Rosette angeordnet, unterseits blassgrün und leicht wollig behaart, Blütenköpfe mit einem Durchmesser von bis zu 7 cm	↕ 75 cm | ↔ 40 cm	purpur-violett	VII–VIII

BOEHMERIA
– RAMIE, CHINAGRAS

Benannt nach dem deutschen Arzt und Botaniker G. R. Boehmer
aus dem 18. Jh., sind die Ramien außergewöhnliche Pflanzen.
Zu ihnen gehören Stauden, aber auch Sträucher und kleinere Bäume.

Ramien bilden kriechende Rhizome, aus denen
aufrechte krautige bis verholzende Sprosse wachsen. Die Blätter erinnern an Brennnesseln, mit
denen sie auch weitläufig verwandt sind. Jedoch
fehlen ihnen die Brennhaare. Die Blüten erscheinen im Hochsommer und sind in kleinen Knäueln
in der Blattachsel der Seitensprosse angeordnet.

IM GARTEN
Ramien sind außergewöhnliche und dekorative
Schattengewächse. Sie bereichern schattige Beete
oder Gehölzpflanzungen. Zudem können sie
zwischen höhere Stauden gepflanzt werden.
Ihr besonderes Laub macht sie zu ansehnlichen
Blattschmuckpflanzen.
Sie wünschen einen frischen humosen Boden.
Staunässe darf jedoch nicht auftreten.

VERMEHRUNG
Die Stauden lassen sich im Frühjahr durch Aus-
saat oder Teilung und im Frühsommer durch
Triebstecklinge recht unkompliziert vermehren.

Boehmeria silvestrii

☞	**VERBREITETE ARTEN**				
ARTNAME	**EIGENSCHAFTEN**	**WUCHS**	**BLÜTE**	**BLÜTEZEIT**	
B. nivea	in ihrer chinesischen Heimat eine Nutzpflanze, die zur Fasergewinnung angebaut wird, ihre Blätter machen sie zu einer attraktiven und wüchsigen Blattschmuckstaude für den Halbschatten	↕ 70 cm | ↔ 50 cm	weiß	VI–VII	
B. sieboldiana	als Falsche Brennnessel bekannt, bildet silbergrünes, zierendes Laub	↕ 60 cm | ↔ 50 cm	cremeweiß	VI–VII	
B. silvestrii	horstbildende Art, Blätter sind breitoval mit grob gesägtem Rand und markanten rot gefärbten Blattstielen	↕ 75 cm | ↔ 50 cm	weißlich	VI–VII	

DER STEINGARTEN
— *Einstieg ins alpine Gärtnern*

Steingärten sind eine beliebte und häufig anzutreffende Gartenform. Sie bilden durch die Kombination von Gestein und Bepflanzung den Lebensraum alpiner Gebirge nach.

D
ie Bezeichnungen „Steingartenpflanzen" und „Alpine" werden häufig synonym verwendet. Grob lassen sich als Steingartenpflanzen alle klein bzw. kompakt wachsenden Gewächse bezeichnen, die im Steingarten gute Wachstumsbedingungen vorfinden. Alpine Pflanzen sind Hochgebirgspflanzen, die zumeist oberhalb der Baumgrenze in Geröll oder Felsspalten wachsen. Sie werden selten größer als 15 cm. Der kompakte Wuchs macht sie relativ unempfindlich gegen Wind und Wasserverlust. Die Bandbreite der alpinen Flora reicht von winterharten Stauden, über Zwerggehölze bis hin zu Knollen- und Zwiebelpflanzen. Gemeinsam haben die Pflanzen ihre Vorliebe für gut dränierte, oftmals mineralische Böden.

Im Flachland sind die Pflanzenzwerge nicht ganz so einfach zu halten, denn das Klima unterscheidet sich stark von dem der Gebirge. Kühle Temperaturen, höhere Luftfeuchte, mehr Luftbewegung, reinere Luft und mineralreiche Erde ergeben Lebensbedingungen, die im Tiefland immer seltener werden. Aber kein Grund, sich entmutigen zu lassen, denn auch im Tiefland ist die Kultur alpiner Pflanzen möglich.

MIT STEINEN WÜRFELN

Die Basis besteht beispielsweise aus einem Haufen alten Bauschutts, der nicht entsorgt wird, sondern als durchlässiges Skelett den Grund des Steingartens bildet. Die Lage sollte sonnig und offen sein, jedoch nicht zu exponiert. Vorteilhaft ist die Nähe zu Wasserflächen, denn die Luftfeuchte ist an diesen Orten durch die Verdunstung höher. Brachen oder Wiesen sollten nicht in der Hauptwindrichtung liegen. Sie sind die häufige Quelle von Unkrauteintrag, der sich nur mühsam zwischen den Steinen entfernen lässt.

Frühling – die Hochzeit im Steingarten

Ausrichtung und Form eines Steingartens hängen vom Gelände und dem Garten ab. Er sollte bedacht angelegt werden, denn nachträgliche Korrekturen sind nur unter besonderen Umständen möglich. Der optimale Zeitpunkt für die Errichtung eines Steingartens ist der Herbst.

Der Untergrund wird so mit Steinen aufgesetzt, dass ein Felsrelief mit vielen Fugen und Ritzen entsteht. Es empfiehlt sich, heimisches Gestein zu verwenden, da es authentisch wirkt und zumeist in regionalen Steinbrüchen günstig zu beschaffen ist. Alle Hohlräume werden mit einer humosen, stark durchlässigen Erde verfüllt und mit einem Holz hineingepresst. Ohne das Nachstopfen würden sich nach dem Setzen der Erde neue Hohlräume bilden, wodurch die Pflanzenwurzeln in der Luft hängen. Wird als Substrat eigener Kompost oder Gartenerde verwendet, ist das Dämpfen der Erde dringend anzuraten. Damit werden sowohl Krankheitskeime als auch Unkrautsamen und -wurzeln beseitigt. Wildwuchs, speziell

Wurzelunkräuter führen im Steingarten leicht zur Verzweiflung. Es ist kaum möglich, die Wurzelstückchen später zwischen Steinen aus dem Untergrund herauszubekommen.

Sofern die Baumaßnahmen im Herbst stattfinden, kann man den Steingarten nach Fertigstellung bis zur Bepflanzung im Frühjahr zur Ruhe kommen lassen. Den Winter über zeigt sich, ob Erde nachrutscht und Hohlräume neu verfüllt werden müssen.

BEPFLANZUNG VON STEINGÄRTEN

Obwohl Herbstpflanzungen einige Vorteile bieten, ist die Frühjahrspflanzung im Steingarten die bessere Option, denn sie ist weniger riskant. Beim Austreiben steckt die meiste Kraft in den Pflanzen, wodurch sie sich besser am neuen Standort etablieren. Zudem ist die Qualitätsprüfung für den Käufer einfacher.

Das Pflanzen erfolgt wie gewohnt am vorbereiteten Pflanzplatz, jedoch sollten die Wurzeln nicht unnötig verletzt werden. Nach dem Einpflanzen wird die Bodenoberfläche mit einer dünnen Schicht Kies, Splitt oder Schotter abgedeckt. Der Steingarten wird so optisch aufgewertet, aber die Maßnahme hat noch wichtige Nebeneffekte: Die Bodenverdunstung wird gesenkt und die polsterbildenden Pflanzen sitzen nicht direkt auf der Erde auf. Sie können damit von unten besser abtrocknen und werden weniger von Fäulnis bzw. Pilzkrankheiten befallen.

CALANDRINIA UMBELLATA
– CALANDRINE

Zu Ehren des Schweizer Mathematikers und Philosophen Jean-Louis Calandrini (1703–1758), der auch botanische Schriften verfasste, wurde diese Pflanzengattung nach ihm benannt.

Die etwa 150 Arten einjähriger oder staudiger Gewächse sind von Mittel- bis Südamerika sowie in Australien heimisch.

IM GARTEN

In Mitteleuropa ist nur eine Art *(Calandrinia umbellata)* als gartenwürdig einzustufen. Die aus den Anden Perus und Chile stammende zauberhafte Pflanze wird bis zu 25 cm hoch und 30 cm breit. An den niederliegenden Trieben erscheinen im Sommer, im Juni/Juli, große magenta- bis violettrote Blüten in Doldentrauben. Die Blütenfarbe ist so knallig, dass sie schon von Weitem ins Auge fällt.
Lange Regenphasen oder Winternässe vertragen die Pflanzen nicht. Stark durchlässige Mineralböden, beispielsweise Kies- oder Sandböden, bieten einen guten Wasserabzug. Die Calandrine ist eine Bereicherung für Steingärten, Kiesgärten und trockene Hanglagen.

VERMEHRUNG

Die Calandrine glänzt zwar nicht durch Langlebigkeit, jedoch ist ihre Nachzucht vergleichsweise einfach. Vermehren lässt sie sich am besten durch Aussaat. Der feine Samen wird im zeitigen Frühjahr in geschützter Kultur oder nach Mitte Mai direkt an Ort und Stelle ausgesät. Triebstecklinge ermöglichen im Frühjahr die vegetative Vermehrung.

EIGENE SAMENERNTE ZAHLT SICH AUS
Kurzlebige Pflanzen müssen regelmäßig ersetzt werden. Daher empfiehlt sich die jährliche Samenernte, um bei einem Ausfall die Pflanzen neu anziehen zu können.

Calandrinia umbellata

CALCEOLARIA
– PANTOFFELBLUME

Pantoffelblumen klingen so gar nicht nach Gartenjuwelen. Der Name der meist aus Mittel- und Südamerika stammenden Pflanzen leitet sich von der pantoffelförmigen Blüte ab (lat. *calceolus* = Pantoffel).

Obwohl die großblumigen Beetpflanzen optisch bestechend wirken und gern für öffentliche Pflanzungen verwendet werden, sind die winterharten kleinblumigen Pantoffelblumen die eigentlichen Liebhaberpflanzen.

IM GARTEN

Für die Freilandkultur eignen sich lediglich zwei Arten, die ihre Heimat in den südamerikanischen Anden haben. Sie wünschen einen Platz außerhalb der direkten Sonne. So ist die sonnenabgewandte Seite des Alpinums oder Steingartens zu empfehlen.
Die Erde darf etwas humusreich und sauer sein. Ein guter Wasserabzug durch eingearbeitete Dränage ist wichtig, denn Winternässe setzt den Pflanzen stark zu. In schneearmen Wintern empfiehlt sich eine Abdeckung mit Tannenreisig, um Erfrierungen des wintergrünen Laubs zu vermeiden.

VERMEHRUNG

Pantoffelblumen lassen sich durch Aussaat im Herbst oder Frühjahr vermehren.

Calceolaria biflora

Eine Teilung größerer Pflanzenhorste bietet sich im Frühjahr zum Vegetationsbeginn an. Einzelne Rosetten können zur Mitte des Frühjahrs bewurzelt werden.

☞ VERBREITETE ARTEN

ARTNAME	EIGENSCHAFTEN	WUCHS	BLÜTE	BLÜTEZEIT
C. biflora	bildet durch Rosetten dichte Polster, die lockeren gelben Blütentrauben erscheinen im späten Frühling und blühen über die Sommermonate immer wieder nach	↕ 20 cm | ↔ 15 cm	gelb	V–VI
C. polyrrhiza	aus Patagonien stammende Stauden-Pantoffelblume, wächst in die Breite; grundständige, fast 10 cm lange Blätter; bildet ab dem Frühsommer sattgelbe Blüten mit dunkelroten Tupfen	↕ 5 cm | ↔ 25 cm	sattgelb	V–VI

CAMPANULA
– GLOCKENBLUME

Die Gattung der Glockenblumen ist äußerst vielfältig. Ihre Arten sind nahezu auf der gesamten Nordhalbkugel zu finden, wovon ein Teil die Gebirge bewohnt.

Campanula myrtifolia

Die Blüten sind ein markantes Erkennungsmerkmal, die ihren Namen treffend erklären. Bezüglich ihrer Form lassen sie sich in glocken-, röhren- und sternförmig unterscheiden. Bis auf einzelne Arten handelt es sich bei den meisten Glockenblumen um mehrjährige Stauden. Sie sind wertvolle Gartenpflanzen, die mit ihren Blüten Gärten bereichern. Zahlreiche Zwerg-Glockenblumen sind in Steingärten weit verbreitet. Seltener sind alpine Formen, die ihre Verbreitung in den Hochgebirgen haben und zu den Gartenkostbarkeiten zählen.

IM GARTEN

Glockenblumen bevorzugen helle Standorte, nicht zwangsläufig in der vollen Sonne gelegen. In Bezug auf die Erde kommen bei alpinen Glockenblumen gut durchlässige, leicht humose Substrate in Frage. Es empfiehlt sich, Grus einzuarbeiten, der die Körnung der Erde deutlich erhöht. Glockenblumen aus dem Hochgebirge sind viel Schnee gewöhnt. Umso empfindlicher reagieren sie auf die starke Winternässe, die im Flachland häufig auftritt. Ein Nässeschutz von oben oder die Kultur im Alpinenhaus ist anzura-

Campanula aucheri

Campanula tridentata

Campanula zoysii

ten. Gestaute und feuchte Luft kann zu Pilzinfektionen führen. Noch gefährlicher als Erkrankungen ist Schneckenfraß. Glockenblumen stehen bei den Schädlingen ganz oben auf der Liste. Die größte Gefahr besteht im zeitigen Frühjahr mit dem Pflanzenaustrieb. Die Schnecken sind noch klein und daher leicht in den Polstern zu übersehen. Ebenso können Dickmaulrüssler einigen Arten gefährlich werden.

VERMEHRUNG

Die Vermehrung von Glockenblumen erfolgt durch Samen, die im Herbst in offenen Kästen oder Töpfen ausgesät werden. Zum Schutz sind die Aussaaten mit einem Vogelschutznetz zu überziehen. Wüchsige Arten lassen sich problemlos teilen. (Rosetten-)Stecklinge von schwachwachsenden Glockenblumen lassen sich im Frühling bewurzeln.

☞ VERBREITETE ARTEN

ARTNAME	EIGENSCHAFTEN	WUCHS	BLÜTE	BLÜTEZEIT
C. bellidifolia ssp. *aucheri* (syn. *C. aucheri*)	aus dem Ost-Kaukasus, gut wüchsig, blühfreudig, geringer Bekanntheitsgrad, begeistert mit großen tiefvioletten Blüten, eignet sich für Einsteiger	↕ 15 cm | ↔ 25 cm	violett	IV–V
C. chamissonis	Zwerg-Glockenblume, verbreitet vom Nordosten Russlands bis nach Alaska, weiße Form ist ein Zufallsfund von den Kurilen	↕ 15 cm | ↔ 15 cm	violett oder weiß	IV–V
C. myrtifolia	seltene Glockenblume, bildet dichte Gruppen, blüht mit weißen röhrenförmigen Blüten	↕ 10 cm | ↔ 25 cm	weiß	V–VI
C. tridentata	Dreizähnige Glockenblume aus dem Kaukasus, lässt sich einerseits durch die violetten Blüten mit dem hellen Schlund, andererseits durch das markante spatelförmige Laub gut identifizieren	↕ 20 cm | ↔ 20 cm	violett mit hellem Schlund	IV–V
C. zoysii (syn. *Favratia zoysii*)	Zois-Glockenblume, beheimatet in den Kalkfelsen der südöstlichen Alpen, wird botanisch inzwischen einer neuen Gattung zugeordnet; Besonderheit: geschlossene Blüten, die von Hummeln aufgebissen und auf diese Weise bestäubt werden (diese Hummeln fehlen im Flachland, wodurch die Glockenblume im Garten keinen Samen ansetzen kann)	↕ 10 cm | ↔ 30 cm	blau bis violett	V–VI

CARDAMINE
– SCHAUMKRAUT, ZAHNWURZ

Als Schaumkräuter sind die liebenswerten Wildpflanzen auf feuchten Wiesen allgemein bekannt. Die Gattung wurde bereits vor vielen Jahrzehnten um die Zahnwurze erweitert, die früher der Gattung *Dentaria* angehörten.

Heute umfasst der Genus etwa ein-, zwei- und mehrjährige 150 Arten. Für Pflanzenliebhaber sind weniger die Schaumkräuter, sondern mehr die Gruppe der Zahnwurze (ehemals *Dentaria*) von Interesse. Der ehemalige Gattungsname rührt von dem mit zahnförmigen Schuppen besetzten Rhizom. Die Zahnwurze sind Stauden, aus deren Wurzelstock gefiederte oder fiederteilige Blätter treiben. Im Frühling blühen sie hauptsächlich in weißen oder violetten Blüten.

IM GARTEN
In Gärten sind Zahnwurze ausgesprochene Liebhaberpflanzen, die Frühlingsstaudenbeete, Gehölzränder und Schattengärten wertvoll bereichern. Sie entwickeln sich im Laufe der Jahre zu größeren Gruppen und werden zunehmend reizvoller. Sie lieben feuchte humose Erde, die gut wasserdurchlässig und nicht zu fest ist. Als Standort kommen helle oder schattige Lagen in Betracht. Die Schattenliebe macht sie zu einer interessanten Unterpflanzung für Strauchgruppen.

Cardamine heptaphylla

VERMEHRUNG
Zahnwurze können durch Aussaat im Herbst oder Frühjahr vermehrt werden. Dies ist jedoch nicht sonderlich einfach und zeitlich sehr langwierig. Eine bessere Variante ist das Teilen größerer Exemplare im Frühling oder nach der Blüte.

☞ VERBREITETE ARTEN

ARTNAME	EIGENSCHAFTEN	WUCHS	BLÜTE	BLÜTEZEIT
C. glandulifera	Drüsige oder Ausläufer-Zahnwurz, stammt aus Südost-Europa, bildet lanzettliche Fiederblätter mit einer ausgeprägten Blattrandkerbung	↕ 40 cm | ↔ 30 cm	dunkelviolett	IV–V
C. heptaphylla	Fieder-Zahnwurz, vom Schwarzwald bis in die Pyrenäen verbreitet, Blätter sind zwei- bis vierfach gefiedert und am Rand gesägt eingekerbt	↕ 50 cm | ↔ 30 cm	weiß	IV–V
C. pentaphylla	Finger- oder Fünfblatt-Zahnwurz, fünffingrige Blattform mit gezähnten Rändern, hübsche gruppenbildende Staude	↕ 40 cm | ↔ 30 cm	rosaviolett	IV–V

STEIN- & GERÖLLBEETE
— *Flache Alternative zum Steingarten*

Beete aus Stein, Geröll und Schotter sind ein praktikabler Ersatz für Steingärten. Sie benötigen nicht sonderlich viel Platz, sind vergleichsweise einfach anzulegen und eignen sich zur Kultur von Alpinen und Steingartenpflanzen.

P raktisch bieten sich kleinere Flächen an, für die sich eine normale Rabatte aus räumlicher Sicht nicht lohnen würde, beispielsweise kleinere Vorgärten, Terrassenbeete oder die vorderen Teile größerer Staudenbeete.

ANLAGE UND BEPFLANZUNG

Es empfiehlt sich, die Beete nicht breiter als 120 bis 180 cm anzulegen. Die Größe ist allemal ausreichend und alle Bereiche sind von beiden Seiten gut erreichbar. Die Bodenoberfläche wird etwa einen Spatentief ausgestochen und durch Schotter, durchmischt mit etwas Erde, ersetzt. Der schotterige Untergrund erhöht die Dränage und schützt vor Mäusen aus der Tiefe. Als obere Schicht wird das Pflanzsubstrat aufgetragen. Eine leichte Erhöhung beugt zusätzlich Staunässe vor. Wie im Steingarten ist es sinnvoll, das Beet für die unterschiedlichen Bodenansprüche zu untergliedern. Substratmischungen werden abgestimmt und für die groben Pflanzenanforderungen entsprechend angemischt, beispielsweise kalkhaltig oder sauer, leicht oder stark durchlässig, frisch und kühl. Gestalterisch können kleinere Erhebungen ein Relief bilden oder größere Steine (Findlinge) die blickführende Leitstellung übernehmen. Das Ganze sollte so konzipiert sein, dass die Fläche an heißen Tagen nicht ausbrennt und die Pflanzenwurzeln trotz der

Gentiana acaulis 'Alba'

Draba oligosperma

Dränierung genug Wasser erhalten. Bei expo-nierten Sonnenlagen empfiehlt es sich, Tropf-schläuche im Boden oder eine automatische (Bewässerungs-)Nebelanlage vorzuschen. Heute gibt es im sortierten Fachhandel vielfältige Mög-lichkeiten zur Wasserversorgung, die den Gieß- und damit verbundenen Pflegeaufwand spürbar reduzieren.

Nach der Bepflanzung wird die Oberfläche ana-log zum Steingarten mit Kies oder Splitt abge-deckt. Diese Schicht senkt die Bodenverdunstung und hilft den Polstern schneller abzutrocknen. Die laufende Pflege ist mit der im Alpinum und Steingarten vergleichbar. Schließt sich dem Stein-beet ein Blumenbeet an, sollte der rechtzeitige Rückschnitt von Verblühtem die willkürliche Selbstaussaat verhindern.

Asperula boissieri

CARDUNCELLUS
– BLAUDISTEL

Rund um das Mittelmeer, von Südeuropa bis ins Atlasgebirge, ist eine überschaubare Anzahl an rosettenbildenden, mit Stacheln bewehrten Blaudistelarten heimisch.

Die stacheligen Gewächse bilden Rosetten mit sitzenden Blütenköpfen oder unverzweigten Blütenstielen. Die Blätter sind meist gefiedert und entwickeln einen hervorragenden Blattschmuck.

IM GARTEN

Die sonnenliebenden Pflanzen sind in unseren Breiten für trockene, vollsonnige Steingärten, Geröllbeete oder Kiesanlagen geeignet. Winternässe oder strenge Kahlfröste setzen ihnen zu. Eine Abdeckung aus Folie oder Kunststoff verhindert Winterschäden. Der Boden sollte gut durchlässig beschaffen sein. Eine zusätzliche Dränage durch eine Kiesmanschette rund um den Wurzelhals bringt zusätzliche Sicherheit. Tritt während des Abblühens verstärkt Regenfeuchte auf, setzt Fäulnis ein, gefolgt vom möglichen Pflanzenverlust. Ein Regenhäubchen oder der Rückschnitt der alten Blüte verhindert in dieser Zeit Schlimmeres.

VERMEHRUNG

Aufgrund der geringeren Sonneneinstrahlung setzen Blaudisteln in Mitteleuropa nur selten Samen an. Lediglich in sehr langen Trockenphasen reift Saatgut heran. Einfacher ist die Vermehrung durch Wurzelschnittlinge zum Ausgang des Winters. Selbst kleinere Wurzelstücke treiben zuverlässig aus.

Carduncellus rhaponticoides

☞ VERBREITETE ARTEN

ARTNAME	EIGENSCHAFTEN	WUCHS	BLÜTE	BLÜTEZEIT
C. pinnatus	Rosettenstaude, in Südeuropa und Nordafrika heimisch, bedarf in unseren Breiten etwas Winterschutz, gefiedertes Laub	↕ 15 cm | ↔ 25 cm	violett	V–VI
C. rhaponticoides	Rosetten setzen sich aus eiförmig zugespitzten Blättern zusammen, deren Mittelrippe ins Violette tendiert, können einen Durchmesser von bis zu 30 cm erreichen, bilden ab Frühlingsmitte etwa 5 cm große Blütenköpfe	↕ 10 cm | ↔ 25 cm	violett	V–VI

CORTUSA MATTHIOLI
– GLÖCKEL

Das Glöckel, auch als Alpenglöckel oder Heilglöckchen bekannt, wurde nach dem bekannten Botaniker J. A. Cortusi benannt. Die Gattung umfasst nur wenige Arten, wobei hauptsächlich eine Art *(Cortusa matthioli)* in unseren Breiten in Kultur ist.

Die Glöckel sind in vielen Hochgebirgen Europas und Asiens zu finden. Dort wachsen sie jedoch nur an eng begrenzten Standorten, die teils weit auseinander liegen.

Die mehrjährigen Stauden bilden einen schwach kriechenden Wurzelstock, der die Pflanzen zu kompakten, bis zu 20 cm breiten Horsten formt. Die zottig behaarten Blätter sind vergleichsweise groß, sodass von einem hellen, nicht in der vollen Sonne gelegenen Standort auszugehen ist. Von Ende April bis in den Mai bilden sich bis zu 30 cm hohe Blütenschäfte, an denen sich doldige Blütenköpfe mit weißen oder purpurnen Blüten entwickeln. Nach der Blüte wirken die Pflanzen aufgrund ihrer gut aussehenden Blätter immer noch attraktiv.

IM GARTEN

Glöckel sind eine interessante, nur wenig bekannte Bereicherung für halbschattige oder sonnenabgewandte Plätze im Steingarten. An diesen Stellen bildet sich etwas mehr Feuchtigkeit durch Kondenswasser, das die Pflanzen sehr mögen. Moos lässt sich hier durch die Begrünung mit Glöckeln etwas unterdrücken. Der Boden sollte eine gute Durchlässigkeit besitzen, nicht zum Austrocknen neigen und ausreichend kalkhaltig sein. Ihre volle Schönheit entwickeln die Pflanzen erst im Laufe einiger Jahre.

VERMEHRUNG

Glöckel lassen sich durch die Aussaat von frisch geernteten Samen vermehren. Ferner ist die Teilung älterer Wurzelstöcke im Frühjahr zum Austrieb möglich.

Cortusa matthioli 'Alba'

FÜR KALK-FANS

Für kalkliebende Pflanzen muss ein normaler Boden gekalkt werden, damit der pH-Wert über 8 steigt. Soll der pH-Wert nur partiell auf einem kleineren Bereich, beispielsweise für eine Pflanze, steigen, kann entweder Kalksplitt oder zerbröselnder Kalkmörtel als Dränageschicht am Boden des Pflanzlochs eingebracht werden. Die Nähe des kalkhaltigen Materials zum Wurzelbereich reicht aus.

DACTYLICAPNOS
– KLETTERNDE HERZBLUME

Es ist noch nicht so lange her, da gehörten die kletternden Arten der Herzblumen noch zur Gattung *Dicentra*. Die ein- oder mehrjährigen Pflanzen sind vom Himalaja über China bis nach Vietnam verbreitet.

Die rankenden Triebe nutzen jede Klettermöglichkeit, um nach oben zu kommen. Die blassgrünen Blätter sind dekorativ gefiedert. Die Blüten erscheinen erst im Hochsommer und blühen über einen langen Zeitraum in einer gelben bis orangegelben Farbe.

IM GARTEN
Die Kletternde Herzmarie, wie die Herzblume auch genannt wird, ist eine interessante Kletterpflanze und eine Alternative zur Waldrebe. Die Staudenarten sind sommergrün und mit Winterschutz auch in hiesigen Gärten kultivierbar. Bis zum Sommer klettern sie mehrere Meter hoch. Sobald sie ihre Endhöhe erreicht haben, blühen sie überreich mit gelben herzförmigen Blüten. Sie lassen sich zur Begrünung von Spalieren und Kletterhilfen verwenden und wachsen gern an hellen, möglichst nicht zu sonnigen Plätzen. Volle Sonne kann aufgrund der großen Blattmasse zu Verbrennungen im Sommer führen. Der Boden sollte

Dactylicapnos macrocapnos

frisch, fruchtbar und humos sein. Bei mangelnder Bodenfeuchte sollte unbedingt gegossen werden.

VERMEHRUNG
Große Exemplare lassen sich teilen, wobei die Gefahr von Verlusten besteht. Da sich die Pflanzen willig aussamen, ist es sinnvoller, wild auflaufende Sämlingspflanzen auszugraben und in Töpfe zu pflanzen. Gezielte Aussaat funktioniert nicht immer wunschgemäß.

👉 **VERBREITETE ARTEN**

ARTNAME	EIGENSCHAFTEN	WUCHS	BLÜTE	BLÜTEZEIT
D. lichiangensis	seltene Art aus Südwest-China, mit Winterschutz auch für Mitteleuropa geeignet	↕ >250 cm | ↔ 100 cm	gelb	VIII–IX
D. macrocapnos	am häufigsten anzutreffende Herzblume bei Gartenliebhabern. Kann im Himalaya bis zu 10 m erreichen; relativ robust, muss aber im Winter geschützt werden. Achtung: Wird häufig als ihre Schwesternart *D. scandens* ausgegeben!	↕ >500 cm | ↔ 100 cm	buttergelb	VIII–IX
D. scandens	krautige, sommergrüne Art, stammt aus Zentral-Nepal bis Südchina; hat tief gelappte Blätter, von denen einige Ranken entwickeln	↕ >250 cm | ↔ 100 cm	gelb, z. T. weiß	VII–IX

DEGENIA VELEBITICA
– DEGENIE

Aus dem nordwestlichen Balkangebiet stammt die Degenie, von der es nur eine Art gibt. Ihr Vorkommen ist auf den Velebit, einen Gebirgszug in Kroatien beschränkt. In ihrer Heimat wird die Degenie als ein regionales Symbol betrachtet.

Degenia velebitica

Die zitronengelben Blüten heben sich von Mai bis Juni dekorativ vom Silbergrau der Blätter ab. Die einzelnen Blüten sind dicht in Trauben angeordnet und locken, wie andere Kreuzblütler auch, zahlreiche Insekten an.

IM GARTEN

In Kultur ist die kleinwüchsige, 10 cm hohe und 25 cm breite Polsterstaude anspruchsvoll. Die Pflanze verlangt nach einem Nässeschutz im Winter. Als Standorte kommen Sonnenplätze infrage, die mit Steinfugen durchsetzt sind. Alternativ können sie auch direkt in Bohrlöcher im Kalktuffgestein eingepflanzt werden. Als Substrat eignen sich mineralische Böden mit geringem Humusgehalt. Dafür sollte der Kalkgehalt entsprechend hoch sein, denn Degenien gelten als kalkliebend.

VERMEHRUNG

Wenn sich Früchte bilden, ist eine Samenvermehrung gut möglich. Die Samen keimen zumeist problemlos. Bei optimalen Standorten ist sogar eine Selbstaussaat zu beobachten.

KIESSCHICHT SCHÜTZT VOR PILZBEFALL

Für Polsterpflanzen und wollig behaarte Stauden empfiehlt es sich, dass die Pflanzen nicht direkt auf der feuchten Erde aufliegen. Feuchtigkeit von unten sorgt für Fäulnis und Pilzbefall. Vorbeugend wird eine Kiesschicht um die Pflanze aufgetragen, wodurch die Blätter besser abtrocknen können.

Dionysia aretioides

DIONYSIA
– DIONYSIE

Die Heimat der polster- oder kissenbildenden Stauden liegt in Zentralasien. Dort wachsen sie im Schatten der Felsen. Aus der verholzenden Basis entwickeln sich lockere Kissen bis zwergige Büsche.

KEIMERFOLGE

Gibberellinsäure (GA3) ist ein pflanzliches Wachstumshormon, das häufig bei Keimprozessen eingesetzt wird. Es verhilft zu besseren und schnelleren Keimergebnissen, da beispielsweise auf die Kältebehandlung von Kaltkeimern verzichtet werden kann. Um eine 0,1%ige Lösung herzustellen, werden 100 mg GA3 zunächst in 5 ml reinem Alkohol (z. B. Isopropanol oder Spiritus) aufgelöst, anschließend mit 95 ml Wasser vermischt und eine Stunde stehengelassen. Danach werden die Samen zwölf Stunden in der Lösung eingeweicht. Hierzu empfiehlt es sich, die Samen in Teebeutel oder kleine Kaffeefilter umzufüllen.

Die Blätter variieren zwischen den einzelnen Arten stark von winzig-schuppenförmig bis primelähnlich. Die Blüten erscheinen im Frühling – die Farbpalette reicht von Gelb bis Purpurn.

IM GARTEN

Die sehr speziellen Pflanzen sind nur in fortgeschrittenen Liebhaberhänden gut aufgehoben. Für eine reine Freilandkultur sind sie ungeeignet. Aufgrund ihrer Herkunft sind sie sehr nässeempfindlich. Vor allem Feuchtigkeit in den dichten Polstern führt bereits nach kurzer Zeit zu Pilzinfektionen. An ihren natürlichen Standorten weht ständig ein trockener Wind, wodurch das Laub immer trocken bleibt. Hierzulande werden Dionysien im eingesenkten Topf im Alpinenhaus oder im überdachten Hochbeet gehalten. Sie

Dionysia involucrata

wünschen helle bis halbschattige Orte. Das Substrat sollte mineralisch, stark durchlässig und bis auf einige Ausnahmen kalkhaltig sein. Beim Wässern empfiehlt es sich, nur den Sand im Hochbeet zu befeuchten. Die Feuchtigkeit außerhalb des Topfs reicht aus, um die Pflanzen zu versorgen. Die Wassergaben werden in den Wintermonaten nochmals reduziert. Weiterhin ist auf einen guten Luftwechsel zu achten. Gestaute Luft begünstigt den Befall von Spinnmilben und Mottenschildläusen, zum Beispiel Weiße Fliege, und die Ausbreitung von Pilzen. Förderlich wirkt die Anbringung eines kleinen Ventilators, der für den notwendigen Luftwechsel sorgt.

VERMEHRUNG

Bilden die Pflanzen Samen aus, werden sie frisch ausgesät. Keimfördernd wirkt die Behandlung mit Gibberellinsäure, einem pflanzlichen Wachstumshormon. Aufgelaufene Sämlinge werden einzeln in kleine Tontöpfe pikiert und ebenfalls ins Sandbeet eingelassen. Die Bewurzelung von Stecklingen ist nach der Blüte möglich.

👉 **VERBREITETE ARTEN**

ARTNAME	EIGENSCHAFTEN	WUCHS	BLÜTE	BLÜTEZEIT
D. aretioides	sehr robuste, am häufigsten anzutreffende Art, kann mit gutem Nässeschutz auch im Freiland gehalten werden; bildet dichte Polster aus behaarten Blättern, die teils bis zu 30 cm groß werden können; Blätter sind unterseits mehlig behaftet, im Frühling verwandeln große gelbe Blüten das Kissen in ein Blütenpolster	↕ 5 cm | ↔ 20 cm	gelb, IV–V	V–VI
D. involucrata	aus dem Pamir (zwischen Tadschikistan, China, Afghanistan und Kirgisistan) stammend, bildet dichte Polster, Blütenmitte verfärbt sich mit dem Abblühen dunkel; einigermaßen einfach zu kultivieren, selbst Stecklinge lassen sich bewurzeln	↕ 5 cm | ↔ 10 cm	rosa mit gelbem Auge	IV–V

TROCKENMAUERN & TERRASSENBEETE
— *Gestaltungselemente für Hanglagen*

Hanglagen im Garten haben ihren Reiz. Für Steingärten und Geröllbeete bestens geeignet, weisen sie für andere Gartenformen aus gärtnerischer Sicht entscheidende Nachteile auf.

A bschüssiges Gelände zu bewirtschaften ist aufwändig und im Fall starker Regengüsse droht Erosion. Eine Lösung ist die Terrassierung durch den Bau von Stütz- und Trockenmauern. So entstehen ebene und gut zu bearbeitende Terrassenbeete, die sich für die Kultur sonnen- und wärmeliebender Pflanzen anbieten. Die Fugen und Ritzen der Mauern sind wiederum ein hervorragender Lebensraum für kleine Gewächse. Mauern sind noch vielseitiger als ein rein praktisches Stützelement. Sie dienen in Gärten zur Gestaltung, um beispielsweise Gartenbereiche voneinander zu trennen. Dabei schaffen sie auf kleiner Fläche einen besonderen Lebensraum für Pflanzen. Welche Pflanzen sich eignen, hängt von der Lage und den jeweiligen Lichtverhältnissen ab. Mauern nach Osten eignen sich für fast alle Steingarten- und Polsterpflanzen. Der Standort ist hell und es drohen keine Verbrennungen zur Mittagszeit. Mauern gen Süden oder Südwesten sind hingegen nur für hitzetolerante Sonnenanbeter geeignet.

AUFBAU UND ANLAGE
Der Bau von Mauern ist eine kleine Wissenschaft für sich, der sich Spezialliteratur in ausreichender Form widmet. An dieser Stelle sei lediglich gesagt, dass für eine Bepflanzung entsprechende Öffnungen, zum Beispiel Dränageröhren, freigehalten oder im Zuge

Gehölze und Stauden im terrassierten Hanggarten

Üppige Blütenpracht dank Azaleen im Frühling

der Baumaßnahmen vorgenommen werden. Als Pflanzerde für die Fugen wird nicht zu leichter Gartenboden verwendet, der abgelagert und frei von Pflanzenresten und Unkrautsamen sein sollte.

MAUERN BEPFLANZEN

Die Bepflanzung ist abhängig von der Mauer, der Breite der Fugen und Spalten. Durchgeführt wird sie zu Beginn des Frühjahrs, wenn das Wurzelwachstum am größten ist und Wetterextreme des Winters oder Sommers nicht unmittelbar zu befürchten sind. Idealerweise werden Öffnungen für die Pflanzen bereits beim Bau vorgesehen. Die Pflanzabstände sollten etwas weiter sein. Die kompakten Tuffs oder Polster wirken auf diese Art dekorativer. Große Topfballen mit aller

Gewalt in die Ritzen zu pressen, ist Pflanzenquälerei und führt zu keinen guten Anwachsergebnissen. Mehr Erfolg verspricht kleineres Pflanzenmaterial, eher in kleinen Töpfen gezogen, oder stabile Jungpflanzen mit schmalen Wurzelballen. Die jungen Pflanzen werden mit einem Pflanzholz in die Fugen eingesetzt oder hineinpikiert. Die Pflanzenvielfalt sollte sich in Grenzen halten, denn nicht jede Pflanze wird den Standort mögen.

Pflanzenverluste sollten mit einberechnet werden, denn eisige Winde im Winter oder heiße Sommer wirken an der Mauer noch intensiver als in einem herkömmlichen Beet. Das Ersetzen kann eine Herausforderung bedeuten, denn Nachbarpflanzen sollten nicht gestört werden und ein Abtragen der Mauer ist nicht praktikabel.

DIPHYLLEIA CYMOSA
– SCHIRMBLATT

Von den Schirmblättern gibt es lediglich drei Arten, die in Gehölzformationen und in den Wäldern Nordamerikas und Japans heimisch sind. In Kultur ist nur die amerikanische Art *Diphylleia cymosa.*

Diphylleia cymosa

Im Boden bildet die Staude kriechende, knotige Wurzelstöcke. Die Blätter der 90 cm hohen und 40 cm breiten Pflanze werden groß und sind schildförmig. Weit über dem Laub erscheinen im Mai und Juni weiße Blüten in einer dekorativen Dolde. Nach dem Verblühen verwandelt sich der Blütenstand in einen Fruchtstand, der im Herbst blaue Beeren trägt.

IM GARTEN

Das Schirmblatt ist eine wundervolle Schattenstaude für Gehölzpflanzungen. Zwar wächst sie langsam, dafür über viele Jahre zuverlässig. Das große Laub verleiht ihr einen wirkungsvollen Blattschmuck und die blauen Beeren sind im Herbst sehr dekorativ. Die Staude bevorzugt Plätze abseits der Sonne. Zum Wachsen ist eine frische, humose und tiefgründige Erde notwendig. Schnecken schädigen sowohl die Überdauerungsknospen als auch den Jungwuchs.

VERMEHRUNG

Von älteren Exemplaren lassen sich die üppigen Wurzelstöcke im Frühjahr oder nach dem Einziehen im Herbst teilen. Die Anzucht durch Samen gestaltet sich langwierig und kann Jahre dauern. Die reifen Früchte färben sich blau bis violett. Für gute Keimerfolge sind sie unmittelbar nach der Reife in Töpfe auszusäen.

EIN BLICK GENÜGT

Bereits an den Blättern erkennt man, ob eine Pflanze sonnig oder schattig stehen möchte. Kleine ledrige bis harte Blätter besitzen weniger Assimilationsfläche, wodurch die Verdunstung geringer ist. Diese Pflanzen können in der Regel gut mit sonnigen Standorten umgehen. Große weiche Blätter hingegen besitzen eine größere Verdunstungsfläche und sind anfälliger für Verbrennungen in der direkten Sonne.

DODECATHEON
– GÖTTERBLUME

In der Zeit des antiken Griechenlands galt der Name *Dodecatheon* einer anderen Heilpflanze, vermutlich *Primula vulgaris*. Die Namensübertragung auf die in Nordamerika heimischen Pflanzen wurde von Linné vorgenommen.

Die etwa 15 Arten entwickeln aus den fleischigen Wurzeln grundständige Rosetten. Die Blätter sind verkehrt lanzettlich bis spatelförmig. Die alpenveilchenähnlichen Blüten erscheinen im späten Frühjahr in lockeren Dolden. Nach dem Abblühen ziehen die Stauden ein und wechseln in die Ruhephase. Von den Götterblumen gibt es zahlreiche Sorten, denn sie kreuzen sich willig untereinander.

IM GARTEN
Götterblumen gelten als wertvolle Gartenstauden. Sie sind pflegeleicht und in gemischten

GEDÄCHTNISSTÜTZE
Wenn Pflanzen frühzeitig einziehen, entsteht ein kahler Fleck. Um Störungen der ruhenden Wurzel zu vermeiden, sollte eine Markierung (Schild, Stöckchen etc.) auf die eingezogene Pflanze gesetzt werden. Diese Erinnerungsstütze vermeidet Wurzelbeschädigungen bei der Bodenpflege.

Pflanzungen höchst dekorativ. Verwendung finden sie in kompakten Staudenbeeten, Steingärten oder im Gehölzrand. Die Pflanzen

Dodecatheon pulchellum

wachsen sowohl an sonnigen als auch an halbschattigen Standorten, sofern der Boden frisch,
humos und gut dräniert ist. Starke Sonneneinstrahlung lässt die Blätter welk erscheinen.
Über Nacht richten sie sich aber wieder auf.
Kompakt wachsende Arten und Auslesen
(z. B. die Sorte 'Däumling') eignen sich für
absonnige Lagen im Alpinum. Gute Partner-
schaften gehen sie mit Lerchenspornen oder
kleinwüchsigen Gräsern ein. Die Begleitpflanzen verhindern kahle Flecken nach dem Einziehen im Sommer. Nach dem Verblühen ist das
Setzen einer Markierung ratsam, denn wenn
die Pflanzen im Sommer verschwinden, können
die Wurzeln durch Hack- und Pflegearbeiten
Schaden nehmen.

VERMEHRUNG

Aussaaten im Herbst lassen im Frühjahr Sämlinge erscheinen. Götterblumen gelten als Kaltkeimer. Werden mehrere Arten im Garten kultiviert,
entstehen möglicherweise Kreuzungen. Vegetativ
ist die Teilung zum Zeitpunkt des Austriebs am
besten geeignet.

Dodecatheon cleavelandii

☞ VERBREITETE ARTEN UND FORMEN

ARTNAME	EIGENSCHAFTEN	WUCHS	BLÜTE	BLÜTEZEIT
D. clevelandii	rosettenbildende Götterblume mit blassgrünen, spatelförmigen Blättern und straffem Wuchs, sollte im Winter etwas geschützt werden	↕ 40 cm | ↔ 15 cm	hellrosa	V
D. frigidum	von Alaska bis O-Sibirien verbreitete Art mit magentapurpurfarbenen Blüten und einer wei-ßen Mitte	↕ 20 cm | ↔ 10 cm	magentapur-purfarben	IV–V
D. hendersonii	besonders schön ausgefärbte Art aus dem west-lichen Nordamerika	↕ 30 cm | ↔ 15 cm	magenta- bis lavendelfarben	V
D. meadia	größte Götterblume, Laub wird vergleichsweise groß und hinterlässt bei direkter Sonneneinstrah-lung einen welken Eindruck, weißblühende Form (*f. album*) als wertvolle Ergänzung	↕ 45 cm | ↔ 20 cm	rosaviolett oder weiß	IV–V
D. pulchellum	kompakter Wuchs, dunkel-purpurrote Blüten machen diese Götterblume zu einer der schöns-ten Arten	↕ 30 cm | ↔ 20 cm	dunkel-purpurrot	IV–V

DYSOSMA
– ASIATISCHER MAIAPFEL, FUSSBLATT

Bis vor wenigen Jahren wurden Maiäpfel in der Gattung *Podophyllum* zusammengefasst. Mittlerweile sind die Arten auf die Gattungen *Dysosma* (Asien), *Podophyllum* (Nordamerika) und *Sinopodophyllum* (Himalaja) verteilt.

Der Reiz und Zierwert der Maiäpfel ist noch nicht bis nach Mitteleuropa vorgedrungen. In Amerika sind die Pflanzen bereits recht bekannt und beliebt. Die Maiäpfel der Gattung *Dysosma* sind in China beheimatet und treiben aus einem Wurzelstock große, schildförmige Blätter, die je nach Art grün oder bunt gemustert sind. Unter den Blättern in den Achseln bilden sich nach Ende Mai weiße oder rote Blüten in Büscheln. Aus den befruchteten Blüten entstehen im Laufe des Sommers eiförmige Samenfrüchte. Vorsicht ist beim Umgang mit den Pflanzen geboten, denn Maiäpfel aller Gattungen zählen zu den Giftpflanzen.

IM GARTEN

Maiäpfel sind sehr spezielle Pflanzen – seltene Schönheiten auf den zweiten Blick –, die vor allem wegen ihres Blattschmucks geschätzt werden. Opulente Blütenpracht fehlt ihnen. Solche Pflanzen kaufen nur Liebhaber. Bekannt sind hauptsächlich die gemusterten Hybriden. Die wertvollen Schattenpflanzen für Gehölzgruppen oder halbschattige Gartenbereiche benötigen einen humosen, frischen bis feuchten Boden. Bei Kahlfrost sind alle Arten für einen trockenen Wintermulch dankbar. Mit dem Austrieb im Frühjahr kann es zu Schneckenfraß an den jungen Blättern kommen. In feuchten Jahren führt Sammelwasser auf den Blättern zu Pilzerkrankungen.

Dysosma pleiantha

VERMEHRUNG

Ältere und größere Exemplare lassen sich im Frühling zu Beginn des Austriebs teilen. Für eine Aussaat werden die Früchte bei ihrer Reife abgenommen. Um die Samen aus dem Fruchtfleisch zu lösen, werden sie einige Stunden in Wasser eingelegt und anschließend herausgesiebt. Die Aussaat sollte unmittelbar erfolgen, denn eine Lagerung bis zum Frühjahr verlängert die Keimzeit um ein weiteres Jahr.

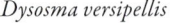

Dysosma versipellis

Dysosma 'Spotty Dotty'

☞ VERBREITETE ARTEN UND FORMEN

ARTNAME	EIGENSCHAFTEN	WUCHS	BLÜTE	BLÜTEZEIT
D. aurantiocaulis	hellgrünes Laub mit einem rötlichen Rand und einer feinen Zähnung	↕ 40 cm | ↔ 40 cm	weiß	V–VI
D. delavayi	bleibt niedriger und besitzt tief eingeschnittenes Laub mit einer bunten Musterung, aus ihr sind einige Kulturformen entstanden	↕ 30 cm | ↔ 30 cm	dunkelrot	V–VI
D. mairei	der Schwesternart *D. pleiantha* sehr ähnlich, jedoch sind die Blütenstängel der dunkelkarminroten Blüten bewimpert	↕ 50 cm | ↔ 40 cm	dunkelrot	V–VI
D. pleiantha	sehr variabel, es gibt kompakte, sehr große oder auch weißblühende Typen; große Exemplare können über 1 m hoch werden und die Blätter erreichen bis zu 50 cm Durchmesser	↕ 50–100 cm | ↔ 50 cm	dunkelrot	V–VI
D. versipellis	markante aufgerichtete und tief eingeschnittene Blätter mit der feinen Zähnung am Rand, im Handel werden fälschlicherweise auch buntlaubige Formen unter diesem Namen angeboten	↕ 40 cm | ↔ 40 cm	dunkelrot	V–VI
D. 'Spotty Dotty'	sehr bekannter, gut erhältlicher, dekorativer Kultivar mit einer auffälligen Blattzeichnung und leuchtend dunkelroten Blüten	↕ 45 cm | ↔ 40 cm	dunkelrot	V–VI

EDRAIANTHUS
– BÜSCHELGLOCKE, BECHERGLOCKE

Büschelglocken sind zarte Wesen, die in etwa 20 Arten die Gebirgsregionen vom Mittelmeer bis in den Kaukasus bevölkern. Ihren Namen verdanken sie den büschelförmig zusammengesetzten Blüten.

Fast alle Arten wachsen rasig bis locker-polsterartig mit sehr schmalen Blättern. Ab dem Frühsommer erscheinen violette Blütenglocken, die an Zwerglockenblumen erinnern.

IM GARTEN

Büschelglocken sind hervorragende Stauden für das Alpinum, Steingärten oder Trockenmauern. Sie fühlen sich besonders in Felsfugen an sonniger Stelle wohl. Als Substrat erwarten die Polsterstauden einen gut dränierten Boden, der humus- und kalkreich sein darf. Büschelglocken werden gern von Schnecken gefressen.

VERMEHRUNG

Vermehren lassen sich Büschelglocken durch Aussaat in Töpfe, idealerweise noch im Herbst. Nach dem Keimen sind die Pflanzen, sobald die Keimblätter gut ausgebildet sind, zu pikieren. Eine Teilung ist kaum möglich, denn die Pflanzen bilden Pfahlwurzeln aus. Ein Umpflanzen oder sonstige Störungen sollten vermieden werden.

Edraianthus pumilio

☞ VERBREITETE ARTEN

ARTNAME	EIGENSCHAFTEN	WUCHS	BLÜTE	BLÜTEZEIT
E. graminifolius	Grasblättrige Büschelglocke, bildet lockere bis rasige Polster, die im Sommer zur Blüte ansetzen, Glöckchen sind zu viert bis sechst in Blütenknäueln angeordnet	↕ 15 cm | ↔ 20 cm	violettblau	IV–V
E. pumilio	kompakte Büschelglocke, die reine Art sieht man selten; da sie recht kreuzungswillig ist, werden häufig Hybriden gehandelt; wächst gedrungener, kleiner und dichter als die Grasblättrige Büschelglocke, hat graues bis silbrig-grünes Laub	↕ 10 cm | ↔ 20 cm	violettblau	IV–V

EIN LEBEN FÜR DIE LEBERBLÜMCHEN
— Andreas Händel

Als „Mister Hepatica" hat sich der Vollblut-
gärtner aus dem brandenburgischen Ketzin
in renommierten Fachkreisen einen Namen
weit über die Grenzen Deutschlands hinaus
gemacht.

Anzuchtbeete unter Gehölzen im Sommer

*„Mister Hepatica" ist ein außergewöhnlicher
Name. Wie sind Sie auf diese Bezeichnung gekommen, die Sie so bekannt gemacht hat?*

Nicht ich habe mir diesen Namen verliehen.
Vor vielen Jahren nahm ich bei einer Gärtnerta-
gung in England teil. Als ich namentlich vorge-
stellt wurde, nannte mich einer der bekanntesten
englischen Gärtner plötzlich „Mr. Hepatica".
Meine Leidenschaft eilte mir offenbar voraus.
Schlussendlich gefiel mir der Name so gut, dass
ich den namentlichen Ritterschlag übernahm.

*Ihr Künstlername sagt bereits viel über Ihre
Passion aus. Wie sind Sie auf Leberblümchen auf-
merksam geworden oder haben sie Sie gefunden?*

Meine Kindheit verbrachte ich viel in einer
Erfurter Gärtnerei, in der meine Mutter arbeitete.
Hier hatte ich frühe Berührungspunkte mit
Pflanzen. Als ich fünf Jahre alt war und zu Ostern im Steigerwald Eier suchen sollte, stolperte
ich über ein Meer blühender Leberblümchen. Ich
saß dort, vergaß die Ostereier und war fasziniert
von den Osterblümchen, wie ich sie zunächst
nannte. Mit diesem Anblick hatten sie mich in
der Tat gefangen.

„Das beste Rezept ist, mit der Natur zu leben."

Hepatica transsilvanica 'Elison Spence'

Leberblümchen sind Ihr Schwerpunkt, aber nicht Ihr einziges Sammlerobjekt?

Die Kultur der Leberblümchen begleitet mich seit meiner Gärtnerausbildung bei Stauden-Foerster. Daher sind sie zum festen Bestandteil meines Sortiments und meiner eigenen Züchtungsarbeit geworden. Daneben begeistere ich mich auch für alle besonderen Formen der Winterlinge *(Eranthis)*, Anemonen *(Anemone)*, Lerchensporne *(Corydalis)*, Waldlilien *(Trillium)* und seit einigen Jahren auch Schneeglöckchen *(Galanthus)*.

Sie sind in Fachkreisen sehr bekannt und etabliert. Dann scheint es kaum Lücken und Wünsche in Ihrer Sammlung zu geben?

Doch, die gibt es. Ich bin seit Längerem auf der Suche nach außergewöhnlichen Auslesen und Züchtungen von *Anemonella*, z.B. in einem kräftigen Rosa. Auch jage ich seit Jahren dem Mythos eines weißgefüllten Siebenbürgen-Leberblümchens *(H. transsilvanica* 'Alba Plena') hinterher.

Als Gärtner alter Schule haben Sie sicherlich viele Tricks auf Lager. Lassen Sie sich in Ihr Nähkästchen blicken?

Eine Pflanzenkultur ist kein Hexenwerk. Für mich steht Qualität vor Quantität und ich vermehre Pflanzen, statt sie zu produzieren. Ich gebe meine Erfahrungen und mein Wissen gern weiter, denn zu vieles geht in der heutigen Zeit verloren. Das beste Rezept ist, mit der Natur zu leben. Ein wichtiger Faktor ist der Boden. Ich erinnere mich gern an meinen früheren Lehrer, der immer wieder vom optimalen Krümelgefüge sprach. Heute ist mir bewusst, dass physikalische Eigenschaften den chemischen überlegen sind. Eine spannende Entwicklung ist Terra preta, der ich eine große Zukunft prognostiziere. Natürlich gibt es auch Misserfolge. Dann probiere ich es erneut und wenn nichts gelingen mag, starte ich einen Negativversuch. Manchmal führt das Gegenteil von dem, was empfohlen wird, durchaus zum Erfolg.

Wir kennen uns seit knapp zwei Jahrzehnten von verschiedenen Pflanzenmärkten, in denen sich viel verändert hat. Wagen Sie einen Blick in die Zukunft?

Moderne Technologien und Massenproduktion durchdringen immer stärker den Gartenbau, sodass Fachkenntnis verloren geht. Hauptberuflich arbeite ich als Berufschullehrer für Gärtner und halte Fachvorträge, denn es ist mir wichtiger denn je, Wissen weiterzugeben. Auf den Märkten spürt man eine Ausdünnung auf der Anbieterseite. Das Kundeninteresse scheint hingegen zu steigen, insbesondere in den letzten Jahren aus Osteuropa.

Bewundernswert ist Ihr mehrfach preisgekröntes Hepatica-Buch. Wie kam es dazu?

Lange habe ich mich mit dem Gedanken getragen, ein Spezialbuch über Leberblümchen zu schreiben. Fast zehn Jahre hat die Umsetzung gedauert, bis glückliche Umstände auch zur Veröffentlichung geführt haben. Was lange währt, wird gut und die zahlreichen Auszeichnungen zeigen, dass mein Engagement nicht umsonst war.

Epimedium alpinum

EPIMEDIUM
– ELFENBLUME

Elfenblumen, die im Volksmund auch Sockenblumen genannt werden, sind faszinierende Gartenpflanzen. Ihre Gattung beinhaltet zwischen 30 und 40 Arten sowie zahlreiche Kreuzungen und Hybriden.

Ihr Verbreitungsgebiet reicht von Südeuropa und Nordafrika bis tief nach Asien. Sie wachsen in lockeren Strauch- und Gehölzformationen und begrünen in der Regel den Untergrund. Aus einem kriechenden Erdstamm entwickeln sich zwei- bis dreizählige Blätter, die je nach Art sommer- oder wintergrün sind. Die einzelnen Blätter sind am Grund unregelmäßig herzförmig. Die Blattränder vieler Arten sind von harmlosen Stacheln umsäumt. Eine ausgeprägte Farbe verleiht einigen Elfenblumen einen dekorativen Blattschmuck, der im Herbst durch die einsetzende Laubfärbung zusätzlich verstärkt wird. Die teils gespornten Blüten erscheinen in lockeren Trauben und fallen durch ihre häufig außergewöhnlichen Farbtöne auf.

IM GARTEN
Elfenblumen sind unverzichtbare, liebreizende Pflanzen für Gehölzbereiche. Sie dienen der Un-

terpflanzung oder Bodenbegrünung von Gehölzen, schließen kahle Bodenflecken und wirken als Blattschmuckpflanzen. Sie suchen den Halb- oder Streuschatten, vertragen jedoch auch Sonne, wenn der Boden ausreichend Feuchtigkeit bietet. Nahezu jeder normale, nicht zu trockene Boden wird akzeptiert. Bei leichten Böden fördert das Einarbeiten von Humus oder Kompost das Wachstum. Wintergrüne Arten freuen sich über eine lockere, schützende Reisigabdeckung bei Kahlfrösten. Einige Arten sind spätfrostempfindlich, sodass der junge Austrieb zu schützen ist. Aus Pflanzenschutzsicht sind Elfenblumen robust, abgesehen von Dickmaulrüsslern und seltener Mosaikviren.

VERMEHRUNG
Aussaaten in Töpfen oder dem kalten Kasten sind nach der Samenreife möglich. Gebräuchlicher ist jedoch die Teilung nach der Blüte oder im Herbst.

Epimedium macrosepalum

Epimedium wushanense

👉 VERBREITETE ARTEN

ARTNAME	EIGENSCHAFTEN	WUCHS	BLÜTE	BLÜTEZEIT
E. acuminatum	etwas höhere Art aus China mit länglichen, am Rand bestachelten Blättern und malvenfarbigen Blüten mit langen Spornen	↕ 40 cm | ↔ 50 cm	malvenrosa	IV–V
E. alpinum	Alpensockenblume, sommergrüne Art aus dem südlichen Alpenraum, bildet stachelig berandete Blätter, nahezu spornlose Blüten in Karminrot mit gelben Kronblättern	↕ 25 cm | ↔ 30 cm	rot mit gelber Mitte	IV–V
E. brevicornum	aus China stammende Art mit hellgrünen, am Rand bestachelten Blättern	↕ 25 cm | ↔ 30 cm	weißgelb	V
E. macrosepalum	zierende und seltene Art aus Sibirien mit bis zu 2 cm großen rosavioletten Blüten, spätfrostgefährdet, junger Austrieb sollte geschützt werden	↕ 25 cm | ↔ 40 cm	rosaviolett mit weißer Mitte	V
E. pubigerum	von Südosteuropa bis in den Kaukasus verbreitet, bildet Horste mit immergrünen, glänzenden, am Rand mit Stacheln besetzten Blättern	↕ 30 cm | ↔ 40 cm	creme- bis gelbweiß	III–IV
E. wushanense	chinesische Herkunft, längliche bis schmal zulaufende Blätter, wintergrün	↕ 50 cm | ↔ 50 cm	hellrosa	V

GALAX URCEOLATA
– BRONZEBLATT

In nordamerikanischen und insbesondere kanadischen Wäldern wächst das Bronzeblatt, das mit nur einer einzigen Art die Gattung vertritt und durch dekoratives Laub auffällt.

Die Pflanze bildet kriechende, ausläufertreibende Wurzelstöcke und kann über Jahre bis zu einem dreiviertel Meter breit wachsen. Auf ihnen sitzen einzeln, mit festen Stielen immergrün glänzende, herzförmige Blätter. Wenn im Herbst die Sonne das Laub trifft, verfärbt es sich in einen herrlichen Bronzefarbton. Lange Ähren voller weißer Blüten erscheinen von Mai bis in den Frühsommer an 30 cm langen Stielen.

IM GARTEN

Das Bronzeblatt ist eine wirkungsvolle Staude für den Halb- und Vollschatten. Sie braucht jedoch eine längere Zeit (durchaus auch einmal zwei Jahre), um sich an ihren Standort zu gewöhnen.

Als Unterpflanzung von Rhododendren oder anderen Moorbeetgehölzen ist das Bronzeblatt eine gute Empfehlung. Hat die Pflanze Fuß gefasst und stimmt der Standort, breitet sie sich langsam aus. Sie benötigt einen frischen, leicht sauren Boden, der jedoch keinesfalls nass sein darf.

VERMEHRUNG

Die Vermehrung ist schwierig und langwierig. Samen sind zwar gelegentlich erhältlich, aber nur selten ist eine Keimung zu beobachten. Die Teilung im Frühjahr verspricht den größten Erfolg, wobei Verluste von vornherein einzurechnen sind. Es werden größere Teilstücke abgestochen, denn das Bronzeblatt etabliert sich nur sehr zögerlich an einem neuen Standort. Kleine Pflanzenteile scheinen wenig Kraft zu haben und verlieren sie zusehends.

Galax urceolata

Gentiana acaulis 'Alba'

GENTIANA
– ENZIAN

„Ja so blau, blau, blau blüht der Enzian…", ist nur die halbe Wahrheit. Enziane sind so mannigfaltig, dass sich ganze Bücher darüber schreiben ließen. Ähnlich wie das Edelweiß ist auch der Enzian ein Sinnbild für die Alpen.

Mehr als 400 ein-, zwei- und mehrjährige Arten werden in der Gattung zusammengefasst. Dazu kommen unzählige Auslesen und Hybriden, die mit einem besonderen Flor aufwarten. Die Hauptvorkommen sind in Europa, Asien und Südamerika. Aus fleischigen Wurzeln entstehen sommer- oder immergrüne Sprosse mit gegenständigen Blättern oder in grundständigen Rosetten. Die Blüten erscheinen je nach Art im Frühjahr, Sommer oder Herbst, häufig glocken- bzw. trompetenförmig in Blau, Gelb, Weiß, seltener in Rosa oder Purpur.

KOCHIANA-GRUPPE

Bei den Enzianen der Kochiana-Gruppe werden die Arten zusammengefasst, die im Erscheinungsbild dem typischen Alpenenzian ähneln. Hierzu zählen u. a. *G. acaulis*, *G. alpina*, *G. angustifolia*, *G. clusii* oder *G. dinarica*. Über die jeweilige Zuordnung sind sich die Botaniker nicht einig, die Meinungen gehen häufig auseinander. Bei der Kultur sind bis auf *G. clusii* neutrale bis kalkfreie Silikatböden zu empfehlen. Wachstumsfördernd wirkt eine kompakte Begleitflora, zum Beispiel schwach wachsende Zwerggräser.

Gentiana acaulis

Gentiana asclepiadea 'Rosea'

Gentiana pannonica

Gentiana verna

Gentiana asclepiadea

Gentiana tibetica

IM GARTEN

Enziane sind gefragte Gartenpflanzen. Kleinere Arten eignen sich für den Steingarten oder das Alpinum. Größere Enziane können auch im Staudenbeet oder als Schnittblumen Verwendung finden.

Einige Arten sind schwierig zu halten, da sie nicht gern umgepflanzt werden. Anderen Arten sagt man nach, dass sie symbiotisch mit Pilzen leben. Hitze und Trockenheit bekommen Enzianen nicht gut. Deshalb sollten sie einen hellen, aber nicht unbedingt vollsonnigen Platz erhalten, insbesondere dann, wenn der Boden zum Austrocknen neigt. Sie wünschen einen feuchten, aber dennoch dränierten Boden mit etwas Humus und Lehm. Beim pH-Wert kommt es auf die Art an und auf welchem Untergrund sie am Naturstandort wächst. Bei den klassischen und rosettenpolsterigen Alpenenzianen sollte nicht unbedingt auf die Polster gegossen werden. Da sich in ihnen das Wasser sammelt, kann es zu einer Pilzinfektion kommen. Sinnvoller ist es, den Boden um die Pflanze herum zu befeuchten. Durch die Bodenkapillaren verteilt sich die Flüssigkeit und versorgt die Pflanzen.

VERMEHRUNG

Frische Samen werden nach der Ernte unverzüglich in Töpfe ausgesät. Durch die Kälteeinwirkung im Winter keimt das Saatgut in der Regel im Folgejahr zuverlässig. Die gekeimten Jungpflanzen werden im Frühsommer vereinzelt.

Eine Teilung ist bei den meisten Enzianen im Frühjahr bis Juni möglich, aber nicht grundlegend zu empfehlen: Enziane mit ausgeprägtem Wurzelstock oder Pfahlwurzeln, beispielsweise *Gentiana lutea*, überleben nur mit Glück das Versetzen oder Teilen. Wurzeln sollten nicht verletzt werden.

Gentiana triflora

Gentiana decumbens

☞ VERBREITETE ARTEN UND FORMEN

ARTNAME	EIGENSCHAFTEN	WUCHS	BLÜTE	BLÜTEZEIT
G. acaulis	Stängelloser Enzian (Kochiana-Gruppe / syn. *G. kochiana*), bildet dichte Rosettenpolster mit elliptischen Blättern, wächst auf kalkfreien Silikatböden, wird dennoch oft mit dem kalkliebenden Clusius-Enzian *(G. clusii)* verwechselt	↕ 15 cm | ↔ 25 cm	leuchtend blaue Trompetenblüten	IV–V
G. asclepiadea	Schwalbenwurz-Enzian, aufrechte bis überneigende Sprosse, Blüten in achselständigen Blütenbüscheln in Blau, weitere Farbvariationen in Weiß ('Alba'), seltener Rosa ('Rosea'); am besten Jungpflanzen aus Samen setzen, denn die Teilung gelingt selten und führt zu Verlusten	↕ 75 cm (bis 90 cm) | ↔ 50 cm	blau (Sorten in Weiß oder Rosa)	VII–VIII
G. clusii	mit *G. acaulis* nah verwandt, nur ist ihr Schlund grün gefärbt, einzige Art der Kochiana-Gruppe, die auf Kalk wächst, zahlreiche Selektionen, die neuerdings sogar ins Aprikot wandern	↕ 10 cm | ↔ 20 cm	blau	IV–V
G. pannonica	Pannonischer Enzian, aus den Ostalpen, dem verwandten Purpurenzian (*G. purpurea*) ähnlich: Beide Arten sind in der Gartenkultur nicht einfach, da vermutet wird, dass sie in Symbiose mit Bodenpilzen leben	↕ 40 cm | ↔ 30 cm	purpurfarben	VII–VIII
G. punctata	in den Alpen heimisch, gruppenbildende Staude; bildet aufrechte Sprosse, die im Sommer achselständige, grüngelbe, später cremegelbe Blüten mit Punktierung tragen	↕ 50 cm | ↔ 20 cm	cremegelb mit dunkler Punktierung	VI–VII
G. sino-ornata	Chinesischer Herbstenzian, die reine Art ist kaum zu finden, aber zahlreiche Hybride mit wunderschönen Blütenfärbungen; benötigt kalkfreie, humose Böden; eignet sich bestens als herbstblühende Unterpflanzung von Moorbeetpflanzen (z. B. Azaleen, Rhododendren)	↕ 15 cm | ↔ 30 cm	blau bis weiß	IX–X
G. verna	Frühlingsenzian (im Volksmund Schusternagel), wächst auch noch oberhalb der Baumgrenze, eignet sich für Alpinum und Steingärten mit dräniertem, nicht zu trockenem Lehm	↕ 5 cm | ↔ 10 cm	leuchtend blau	V–VI

GILLENIA TRIFOLIATA
– DREIBLATTSPIERE

Benannt wurde die Staude nach dem deutschen Arzt und Botaniker A. Gillenius, der im 17. Jh. lebte. Seit einigen Jahren erfreut sich die Dreiblattspiere mehr Beachtung und Bekanntheit.

Gillenia trifoliata

Üppiger Blütenflor im Frühsommer

Die Gattung besitzt nur zwei Arten, wovon hauptsächlich *Gillenia trifoliata* in Kultur ist. Die Rhizomstaude stammt aus Nordamerika, wo sie in lichten Laubwaldern wächst. Sie bildet aufrechte Büsche von etwa 1 m in der Höhe und in der Breite. Die wechselständigen Blätter sitzen an braunrot überlaufenen Stielen. Sie sind dreifingrig zusammengesetzt, am Rand doppelt gesägt und bronzegrün gefärbt. Die einzelnen Blüten sind weiß mit hellrosa Rand. Sie sind in üppigen Doldentrauben angeordnet und erscheinen von Juni bis in den Sommer.

IM GARTEN
Die Dreiblattspiere ist eine unterschätzte Staude. Ihre lange Blütezeit dauert vom Früh- bis in den Spätsommer, da die Blüten unregelmäßig erscheinen. Ihre Blüten funkeln wie weiße Sterne im lichten Schatten zwischen Gehölzen oder in Schattenbeeten. Besonders kontraststark zeigt sich die Staude in der Nachbarschaft von dunkellaubigen Pflanzen, z. B. *Actaea* Atropurpurea-Gruppe. Gleichmäßige Feuchte, gute Durchlässigkeit und ein mittlerer Humusgehalt umschreiben die Bodenansprüche. Jungtriebe können im Frühjahr leicht Opfer von Schneckenfraß werden.

VERMEHRUNG
Dreiblattspieren lassen sich auf verschiedene Weise vermehren. Samen werden vorzugsweise im Herbst oder Frühjahr in Töpfe ausgesät. Triebstecklinge können im späten Frühjahr abgenommen und bewurzelt werden. Die Teilung bietet sich im Frühjahr zu Beginn des Austriebs an.

GLAUCIDIUM PALMATUM
– JAPANISCHER WALDMOHN

Vom Japanischen Waldmohn gibt es nur eine einzige Art, deren Heimat die Laubwälder im Norden Japans sind. Die rhizombildende Staude hat einen Wurzelstock, der verhornt tellerartig wirkt.

Glaucidium palmatum var. *leucanthum*

Samenstand

BESONDERE WEISSE FORM
Die weiß blühende Form des Waldmohns (*G. palmatum* var. *leucanthum*) ist noch seltener. Die großen, weißen Blüten wirken im Schatten aufhellend und ziehen im April und Mai die Blicke auf sich.

Das Mohngewächs wächst sehr langsam. Im Frühling entstehen unverzweigte Sprosse mit zwei bis drei gelappten Blättern und ausgeprägten Blattnerven. Die Pflanze wird bis zu 45 cm hoch und 40 cm breit. Die rosafliederfarbenen Blüten erscheinen im Spätsommer und können einen Durchmesser von knapp 10 cm erreichen. In ihrer Mitte bündeln sich viele goldgelbe Staubblätter.

IM GARTEN
Der Waldmohn ist eine Rarität für Gehölzränder, Unterpflanzungen und Schattengärten. Wenn sich die Pflanze nach einiger Zeit etabliert hat, kann sie recht alt werden – bis zu 20 Jahre sind in Einzelfällen möglich. Zur Blütezeit ist sie ein Schmuckstück und echter Blickfang. Da sie nicht sonderlich schnell wächst, ist sie kaum im Handel zu finden und verdient die Bezeichnung Bückware. Erst nach Jahren entfaltet sie ihre ganze Schönheit. Sie benötigt einen halb- bis vollschattigen Platz. Die Erde sollte humos, blattreich und feucht sein, jedoch nicht staunass. Trockene Winde setzen ihr zu und im Winter schafft eine trockene Laubabdeckung Frostsicherheit. Im Frühjahr kann Schneckenfraß am jungen Austrieb zum Problem werden.

VERMEHRUNG
Frische Samen werden im Herbst ausgesät, aber im Winter vor strenger Kälte geschützt. Die Aufzucht bis zur blühfähigen Pflanze dauert mehrere Jahre. Große Exemplare können geteilt werden, wobei sich das tellerartige Rhizom mühsam trennen lässt. Ein Risiko, die Pflanze zu verlieren, besteht bei der Pflanzenteilung.

Glaucidium palmatum

ALPINUM & ALPINENHAUS
— *Fortgeschrittenes Steingärtnern*

Das Alpinum ist meist ein Bestandteil von Steingärten. Es entsteht oft später als Ergänzung bei ihrem Umbau oder der Erweiterung. Mit den gestiegenen Ansprüchen soll die Gebirgsnachbildung noch mehr dem Original entsprechen.

Alpine Gärten geben sich oftmals durch Tuffgestein zu erkennen, das bei Liebhabern sehr begehrt ist. Es ist wundervoll anzusehen, wie sich die Gebirgspflänzchen in der fantastischen Gesteinskulisse einnisten. Der poröse Muschelkalk bietet beste Voraussetzungen für alpine Pflanzen. Zahlreiche Fugen und Spalten durchziehen das Gestein. Die Pflanzenwurzeln können tief eindringen, ohne dass Übernässungen des Wurzelbereiches befürchtet werden müssen. Nachteilig sind die schwierige Beschaffung und der hohe Preis für das Material. Es gibt lediglich noch vereinzelte Quellen, die Tuffgestein anbieten.

ANLAGE UND BEPFLANZUNG

Beim Bau werden die Steine in der Regel nicht nur locker übereinandergestapelt, sondern stabil vermauert. Der Mörtel sorgt für Stabilität und verhindert ein Verrutschen der Steine. Das ist wichtig, denn alpine Pflanzen wachsen langsam und brauchen über Jahre einen sicheren Platz. Offene Erde, wie sie im Steingarten zu finden ist, entdeckt man kaum. Der Unterschied zum normalen Steingarten findet sich nicht einzig im Untergrund. Je höher die Pflanzen am Naturstandort wachsen, desto kleiner und wuchsschwächer bleiben sie auch. Oftmals bilden sie über Jahre winzige Polster von nur wenigen Zentimetern und sind

Großzügiges Alpinum im Frühlingserwachen

Töpfe im eingelassenen Sandbeet

leicht zu übersehen. Sie dulden keine Revierkämpfe und gedeihen besser in Einzelstellung im Gestein. Um ihnen einen solchen Platz bereitzustellen, werden keine Pflanzlöcher gegraben, sondern mit einem großen Bohrer tief in den Stein ge-

bohrt. Die Öffnungen werden mit einer leichten Neigung gesetzt. Der Grund des Pflanzlochs wird mit einer Schicht dränierendem Kies oder Splitt gefüllt. Als Substrat empfiehlt sich ein gut durchlässiger, mit grobem Sand versetzter, mürber Lehm. Weitere Zusätze oder Mischungen hängen von den jeweiligen Pflanzenansprüchen ab. Es ist zu beachten, dass spätere Korrekturen, nachdem sich die Pflanzen etabliert haben, kaum noch möglich sind. Die Pflanzenwurzeln klammern sich fest ins Gestein. Ein Herausnehmen und Verpflanzen führt unweigerlich zu Wurzelverletzungen und nicht selten zum Pflanzenverlust.

Das Gestein als Lebensraum hat für hochalpine Pflanzen den Vorteil, dass sie ihren eigenen Platz haben und sich morgens eine höhere Luftfeuchte durch Kondenswasser bildet. Zudem läuft Wasser rasch ab, wodurch das Laub schnell abtrocknet. Was den alpinen Pflanzen gefällt, kommt leider auch Moosen und Wildwuchs zugute. Gerade die gefurchte und vernarbte Gesteinsoberfläche bietet zahlreiche Angriffsmöglichkeiten für konkurrierenden Wildwuchs. Die regelmäßige und konsequente Entfernung ist bei laufender Pflege unbedingt anzuraten.

SCHÜTZENDES ALPINENHAUS

Zahlreiche Alpine stammen aus trockenen Gebirgsregionen. Sie haben sich an ihr Lebensumfeld angepasst und reagieren im Flachland extrem nässeempfindlich. Ihnen sollte kein Platz im Freien angeboten werden. Bereits normaler Regen kann tödlich wirken, denn Fäulnis setzt zusehends ein. Zur Kultur empfehlen sich überdachte Hochbeete oder besser Alpinenhäuser. Hierbei handelt es sich um unbeheizte Gewächshäuser. In älteren Ausführungen sind sie als versenkte Erdgewächshäuser zu finden. Sie besitzen eine maximale Lüftung nach allen Seiten, insbesondere rund um die Dachkante. Die Pflanzen werden in Tontöpfen gehalten und in Hochbeeten im Alpinenhaus versenkt, die mit Sand befüllt sind. Das Einlassen im Sand hat den Vorteil, dass der Gießaufwand reduziert und zusätzlich ein Durchfrieren der Töpfe im Winter vermieden wird. Um ein Aufheizen im Sommer und damit verbundene Blattverbrennungen zu vermeiden, werden Alpinenhäuser über die heißen Monate schattiert.

HABERLEA RHODOPENSIS
– HABERLEE

Haberleen wurden zu Ehren des ungarischen Botanikers Karl Konstantin Haberle (1764–1832) benannt. Früher wurden der Gattung mehrere Arten zugerechnet, wovon nur noch eine Art *(Haberlea rhodopensis)* übrig blieb.

Haberlea rhodopensis

Haberlea rhodopensis 'Virginalis'

Familiär ist die Rosettenstaude mit den Gloxinien *(Gloxinia)*, den Usambaraveilchen *(Saintpaulia)*, aber auch dem Felsenteller *(Ramonda)* verwandt. Heimisch ist sie im Rhodopengebirge Bulgariens. Als immergrüne Staude bildet sie länglich-spatelförmige Blätter mit grob gesägten Rändern, die in Rosetten angeordnet sind. Sie bilden dichte Kolonien als Rosettenpolster mit einer Höhe von ca. 10 cm. Ab Mitte des Frühlings bis Juni erscheinen überreich weiß-violette Blüten an bis zu 15 cm langen Stielen. *Haberlea rhodopensis* 'Virginalis' ist eine seltene Form, die langsamer wächst und durch ihre reinweißen Blüten an lichtarmen Lagen förmlich leuchtet.

IM GARTEN

Haberleen sind fantastische Stauden für Steingärten oder Mauern in Schattenlagen. Sonnige Standorte vertragen sie kaum. Sie sitzen bevorzugt zwischen Steinen. Auf ihnen bildet sich morgens Kondenswasser, wodurch die Luftfeuchte sich erhöht und das Mikroklima verbessert wird. Sie wünschen einen gut wasserdurchlässigen Boden mit einem erhöhten Humusgehalt. Winterschutz benötigen die Pflanzen nicht, nur bei eisigen Winden kann eine Abdeckung oder Windschutz vor Erfrierungen schützen.

VERMEHRUNG

An günstigen Standorten versamen sich Haberleen von selbst, sodass später Jungpflanzen herausgenommen und verpflanzt werden können. Noch einfacher ist die Teilung von Nebenrosetten älterer Exemplare im Frühjahr oder Herbst. Gärtnern mit besonders grünem Daumen, kann die Vermehrung durch Blattstecklinge gelingen.

HACQUETIA EPIPACTIS
– SCHAFTDOLDE

Die Schaftdolde erhielt ihren Namen zu Ehren Belsazar Hacquets, eines österreichischen Arztes und Naturforschers französischer Abstammung aus dem 18. Jh. Er erforschte die Flora Kärntens, Sloweniens und Kroatiens, der Heimat der Schaftdolde.

Die Gattung besteht nur aus der einzelnen Art *Hacquetia epipactis*, einer gruppenbildenden und frühjahrsblühenden Staude. Sie wird nicht größer als 25 cm und bildet kompakte Tuffs. Das dunkel- bis smaragdgrüne Laub besitzt einen schwachen Glanz, ist dreilappig geformt und am Rand gezähnt. Ihre winzigen gelben Blüten stehen im März/April in Dolden und fallen besonders auf, da sie von hellgrünen Brakteen (Hochblättern) umgeben sind. Die Sorte 'Thor' wirkt dank ihres weißbunten Laubs im Halbschatten aufhellend.

Hacquetia epipactis

IM GARTEN
Schaftdolden sind ausgefallene Gehölzrand- und Schattenpflanzen, die am Ende des Winters ihre Blüten zeigen. Sie bilden im Laufe der Zeit größere Gruppen und dienen der Bodenbegrünung unter Sträuchern oder Bäumen. Sie benötigen Streu- oder Halbschatten, jedoch keine volle Sonne.
Gleichmäßige Feuchte ohne stauende Nässe sowie einen mäßigen Humusgehalt sollte der Boden bieten. Kalk ist hingegen nicht erwünscht. Im zeitigen Frühjahr sind die jungen Triebe für Schneckenfraß anfällig.

VERMEHRUNG
An guten Standorten säen sich Schaftdolden von selbst aus. Ihre Samen können jedoch auch bei Reife geerntet und unverzüglich in Töpfe ausgesät werden.
Erfahrene Gärtner können im Winter Wurzelschnittlinge anfertigen oder zu Beginn des Austriebs größere Exemplare teilen.

FÜR SAURE BÖDEN
Um die Bodenreaktion lokal auf natürliche Weise zu senken, reicht das Auftragen von Nadelhumus. Diesen Rohhumus findet man als lockere Bodenschicht samt Nadelspreu unter Fichten, Kiefern und anderen Nadelgehölzen. Jährlich aufgebracht, senkt es den pH-Wert zugunsten der Kalkflieher.

Helleborus torquatus

HELLEBORUS
– CHRISTROSE, LENZROSE, NIESWURZ

Helleboros war bereits in der Antike die Bezeichnung für die Nieswurz.
Die Gattung umfasst etwa 15 Staudenarten, die auf kalk- oder kreidehaltigen
Böden in Gehölzformationen, Gras- und Felslandschaften wachsen.

Aus einem kräftigen Wurzelstock treiben die Pflanzen grundständige, gestielte Blätter in einer fuß- oder fächerartigen Form. Sie gehören zu den Winter- bzw. Frühjahrsblühern. Als solche bilden sie schüsselförmige Blüten, bestehend aus fünf Blütenblättern, zahlreichen Staubblättern und mehreren Fruchtblättern (Karpelle).
Alle Pflanzenteile enthalten giftige Glykoside, weshalb Christrosen zu den Giftpflanzen gezählt werden. Ein unvorsichtiger Umgang kann zu Hautreizungen führen.

IM GARTEN
Christrosen sind in Gärten beliebt, da sie ihren Flor teils bereits im Winter bis in den tiefen Frühling tragen. Sie eignen sich für Blumenbeete und Staudenrabatten, Vorgärten, schattige Steingärten oder Schattenbeete. Ist der Boden ausreichend feucht, können sie durchaus Sonne vertragen. Trockenheit führt jedoch unweigerlich zu Verbrennungen und Nekrosen. Besser sind sie im leichten Halbschatten unter Sträuchern oder Bäumen aufgehoben. Bis die Bäume ihr Laub

Hellborus cyclophyllus

Helleborus argutifolius

ausbilden, erhaschen sich die Pflanzen ausreichend Sonne, die sie für die Blütenbildung benötigen. Für die meisten Arten eignen sich normale bis kräftige Gartenböden, die zusätzlich etwas gekalkt werden können. Unter professionellen Kultivateuren gilt Gips als Zuschlagsstoff für kalkhaltige Erden. Speziell bei *Helleborus* hat sich der Einsatz bewährt und führt zu gesunden, blühfreudigen Pflanzen.

VERMEHRUNG

Fühlen sich Christrosen an ihrem Standort wohl, verbreiteten sie sich bereitwillig durch Samenwurf in der Umgebung. Sie sind sehr kreuzungswillig, es entstehen ständig neue Typen. Soll das Saatgut ausgesät werden, erfolgt die Aussaat unmittelbar nach der Ernte in Töpfe. Stattliche Exemplare werden im zeitigen Frühjahr oder im Spätsommer durch Teilung verjüngt.

☞ VERBREITETE ARTEN

ARTNAME	EIGENSCHAFTEN	WUCHS	BLÜTE	BLÜTEZEIT
H. argutifolius	wintergrüne Nieswurz aus Korsika mit dunkelgrünen, gefiederten Blättern und einem stachelig besetzten Rand; flache, grüngelbe Blüten bilden sich zum Winterende in Trugdolden (Cymen)	↕ 50 cm | ↔ 40 cm	blassgrün	II–IV
H. cyclophyllus	sommergrüne Art mit blassgrünen, geteilten Blättern und gezähntem Rand; grüngelbe Blüten erscheinen bereits im Vorfrühling und bleiben bis Mitte des Frühlings erhalten	↕ 40 cm | ↔ 50 cm	gelblichgrün	III–IV
H. torquatus	gruppenbildende Art vom Balkan, die ihre geteilten Blätter jährlich abwirft; Blütenblätter sind rückseits violettpurpurn gefärbt, innen häufig grün und dunkel geadert	↕ 30 cm | ↔ 30 cm	violettpurpurn	II–IV

HELONIAS BULLATA
– SUMPFNELKE, MOORNELKE

Aus den Mooren und Sümpfen der USA stammt die Sumpfnelke, die auch als Moornelke oder Falsche Einhornwurzel bezeichnet wird. Die Gattung besteht aus nur einer Art: *Helonias bullata*.

Die immergrüne Rhizomstaude bildet Rosetten aus riemenförmigen Blättern mit einer Höhe von bis zu 45 cm und einer Breite von ca. 30 cm. Im April/Mai entstehen dichte, konische Trauben aus einer Vielzahl rosafarbener, sternförmiger Blüten. Sie verströmen einen intensiven Duft.

Helonias bullata

IM GARTEN

In Gärten bereichert die Sumpfnelke Teichränder und Moorbeete. Es werden auch feuchte Stellen in Beeten oder Senken toleriert. Die Staude kann sowohl mit sonnigen als auch mit halbschattigen Lagen gut umgehen. Humose, feuchte Böden, die zu einem niedrigen pH-Wert neigen, bieten alles Wichtige für eine gesunde Pflanzenentwicklung. Die Sumpfnelke ist gut frosthart, jedoch können Kahlfröste dem immergrünen Laub stark zusetzen. Eine Decke aus Reisig oder Frostschutzvlies verhindert das Schlimmste.

VERMEHRUNG

Wenn sich aus den Blüten Samenstände entwickelt haben, werden sie geerntet und können bis zum Herbst in Töpfen ausgesät werden. Alternativ lassen sich größere Pflanzen im Frühling erfolgreich teilen.

MINI-MOORBEET

Ein Moorbeet im Kleinen oder eine begrenzte Sumpfkulturfläche lässt sich durch einen vergrabenen Eimer bewerkstelligen. Seitlich werden im unteren Drittel Löcher gebohrt, wodurch überschüssiges Stauwasser abfließen kann. Im unteren Drittel sammelt sich die Feuchtigkeit und tränkt das Substrat bis nach oben. Als Substrat kann handelsüblicher Hochmoortorf oder Moorbeeterde verwendet werden.

HEPATICA
– LEBERBLÜMCHEN

Die beliebten Frühjahrsblüher sind eng verwandt mit den Anemonen. Aufgrund der Gemeinsamkeiten gehörten sie früher zu den Windröschen und tun es nach neuesten taxonomischen Einordnungen teilweise auch wieder.

Die etwa zehn *Hepatica*-Arten sind größtenteils in den Waldgebieten der Nordhalbkugel verbreitet. Sie besitzen nierenförmige Blätter mit einer drei- bis fünffach gelappten Form. Je nach Art sind sie teils marmoriert oder silbrig gezeichnet. Schüssel- oder schalenförmige Blüten erscheinen im zeitigen Frühjahr, häufig noch vor der Laubbildung.

IM GARTEN

Leberblümchen erfreuen schon kurz nach der Schneeschmelze mit ihren leuchtenden zarten Blüten. Sie wachsen unterhalb von Laubsträuchern oder -bäumen auf Schattenbeeten oder schattierten Rabatten.

Aus Japan sind in den vergangenen zwei Jahrzehnten zahlreiche Kultivare mit gefüllten oder mehrfarbigen Blüten eingeführt. Obwohl sie zweifellos sehr schön sind, wird die Liebhaberei an dieser Stelle wahrlich kostspielig. Es gibt jedoch ausreichend Auslesen und Kreuzungen heimischer Arten, die mit andersfarbigen Blüten oder gefüllten Blütenformen vom Standard abweichen. Leberblümchen suchen den lichten

Hepatica nobilis 'Rubra Plena'

Hepatica acutiloba

Hepatica transsilvanica 'Elison Spence'

Schatten unter Bäumen, der die Frühjahrssonne durchlässt, später aber das sonnenempfindliche Laub schützt. Die Erde sollte gleichmäßig feucht, humusreich und etwas kalkhaltig sein. Das jährliche Einarbeiten von verrottetem Laubkompost bietet ideale Wachstumsbedingungen. Jungwuchs kann im Frühjahr von Schnecken abgefressen werden.

VERMEHRUNG

Auf humosen Plätzen im Schatten säen sich Leberblümchen ohne weiteres Zutun selbst aus. Ihre Samen lassen sich bei Reife ernten und direkt in Töpfen oder Kästen aussäen. Die Teilung größerer Horste ist im Frühling möglich. Zu berücksichtigen ist jedoch die lange Anwachszeit der Teilungsstücke.

☞ VERBREITETE ARTEN

ARTNAME	EIGENSCHAFTEN	WUCHS	BLÜTE	BLÜTEZEIT
H. acutiloba	schwachwüchsige Art aus dem östlichen Nordamerika; bildet rundlich-nierenförmige Blätter, die drei- bis siebenlappig und tief eingeschnitten sind	↕ 15 cm | ↔ 20 cm	weiß, rosa, blau, violett	III–IV
H. nobilis	Naturstandorte von Leberblümchen sind streng geschützt, für Liebhaber sind die roten, weißen oder gefüllten Formen von besonderem Interesse	↕ 20 cm | ↔ 20 cm	violett, rosa, purpurrot bis weiß	III–IV
H. transsilvanica	großblumiges Leberblümchen aus Siebenbürgen; bevor es sein altes Laub abwirft und der neue Austrieb erfolgt, erscheinen große, hellblaue bis hellviolette Blüten	↕ 25 cm | ↔ 20 cm	hellblau bis hellviolett	III–IV

HORMINUM PYRENAICUM
– DRACHENMAUL

In antiken Aufzeichnungen war Horminon die Bezeichnung für Salbei.
Erst Linné verband die Pflanze mit der heutigen botanischen Bezeichnung.
Die Gattung besitzt lediglich eine Art, die in den Pyrenäen verbreitet ist.

Die Pflanze bildet kräftige Pfahlwurzeln. Aus ihnen treiben Rosetten aus, bestehend aus breit-elliptischen Blättern mit grob eingekerbten Blatträndern. Die Blattnervatur ist stark ausge-prägt, wodurch die Blätter runzelig wirken. Die Rosettenpolster entwickeln von Mai bis in den Frühsommer bis zu 30 cm lange, vierkantige Stängel. In Quirlen sind an ihnen die violetten Blüten angeordnet. Auslesen haben, neben dem Violett der Art, auch rosa und weiße Formen hervorgebracht.

IM GARTEN
Nachdem sich der Steingarten im Frühjahr aus-gepowert hat, bringt die sommerliche Blüte des Drachenmauls Farbe in die Anlage. Für die Verwendung im Alpinum werden die Pflanzen hingegen zu groß. Sie lassen sich jedoch in kom-pakte Blumenbeete integrieren, denn sie sind wenig anspruchsvoll und ihrem Standort gegen-über tolerant. Der Boden darf keine Staunässe aufweisen, gern etwas frisch, humos und kalk-haltig sein. Sowohl Sonne als auch Halbschatten werden vertragen. Nur im Vollschatten verber-gen sie ihren zauberhaften Blütenflor. Etablierte Drachenmäuler sind über Jahre treue Begleiter, ohne lästig zu werden.

VERMEHRUNG
Samen werden zu Beginn des Frühjahrs in Töpfen ausgesät. Im Laufe des Frühjahrs ent-wickeln sich bereits kräftige Jungpflanzen, die noch im Frühjahr vereinzelt werden können und sich im Herbst auspflanzen lassen.
Eine Teilung größerer Pflanzenexemplare ist im Frühjahr und Herbst möglich.

Horminum pyrenaicum

Horminum pyrenaicum 'Roseum'

Hosta 'Yellow Mouse Ears'

HOSTA
– FUNKIE, HERZBLATTLILIE

Funkien sind jedem Gartenbesitzer ein Begriff. Aus den etwa 50 bis 70 Arten ist eine schier nicht mehr zu überblickende Anzahl an Sorten und Kultivaren entstanden, insbesondere dank amerikanischer Züchter.

Die schönen Blattschmuckpflanzen verdanken ihren Namen Nicolaus Thomas Host, einem österreichischen Arzt und Botaniker des 18. Jh. Aus einem kurzen Rhizom treiben Büschelwurzeln in den Untergrund und grundständige Blätter in rosettenartiger Anordnung als oberirdischer Spross. Hauptsächlich das Laub bildet den Zierwert der staudigen Pflanzen. Ihre Blattform variiert von lanzettlich, ei- bis herzförmig. Die Blätter sind in der Regel farblich stark gemustert oder gerändert. Im Sommer zeigt sich der Flor an gestielten, einseitsgerichteten Trauben aus glocken- bis trichterförmigen Blüten.

IM GARTEN

Funkien sind unverzichtbar für Gehölzränder oder Schattengärten. Je nach Anforderung lässt sich eine passende Sorte in Bezug auf Färbung, Wuchsform und -höhe finden. Außerhalb der Standardsortimente gibt es besondere Sorten, auf die es Pflanzenliebhaber abgesehen haben. Seit einigen Jahren ist ein Trend zu Zwergfunkien zu beobachten. Diese klein- und schwachwüchsigen Funkien bewegen sich selten von der Stelle, erfordern viel Geduld, begeistern jedoch dank ihres zierlichen Wesens. Funkien bevorzugen Plätze abseits der vollen Sonne, im leichten Halbschatten.

Hosta 'Rock Island'

Hosta 'Netzwerk'

IM KAMPF GEGEN SCHNECKEN

Schnecken sind im Garten mehr Pest als nur Plage. Bekämpfungsstrategien reichen vom Absammeln bis zum Schneckenkorn. Äußerst positiv sind meine persönlichen Erfahrungen mit Phasmarhabditis-Nematoden (Art *hermaphrodita*), die jährlich ausgebracht werden. Unter Umständen kann die Wirkung sogar mehrere Jahre anhalten, insofern die Winter mild sind. Bemerkenswert ist die Wirkung im zeitigen Frühjahr, wenn die Schnecken noch klein und kaum zu finden sind. Dank dieser Nützlinge verzeichne ich kaum noch Schneckenfraß.

Lediglich grünlaubige Sorten vertragen bei ausreichender Feuchte etwas mehr Helligkeit. Als Boden kommt jede frische, mäßig bis nahrhafte Gartenerde in Betracht. Kalte, trockene Winde können den Pflanzen zusetzen. Das größte Manko ist der Schneckenfraß, der bei einigen Sorten überhand nehmen kann. Dass Funkien unterschiedlich stark befallen werden, hängt vermutlich mit dem variierenden Glukosegehalt im Laub zusammen. Geplagte Funkiensammler ziehen ihre Pflanzen in Töpfen, um die Fraßschäden einigermaßen unter Kontrolle zu haben.

VERMEHRUNG

Obwohl die Vermehrung der Arten durch Samen grundsätzlich nicht ausgeschlossen ist, ist die Teilung der Horste im Spätsommer oder zeitigen Frühjahr üblich.

☞ VERBREITETE FORMEN

ARTNAME	EIGENSCHAFTEN	WUCHS	BLÜTE	BLÜTEZEIT
H. 'Blue Mouse Ears'	Blaues Mäuseohr, Zwergfunkie mit festem, bläulichem Laub und überdimensional großen Blüten	↕ 20 cm | ↔ 20 cm	violett	VI–VII
H. 'Netzwerk'	wundervoller Kultivar mit einer außergewöhnlichen netzartigen Blattzeichnung	↕ 40 cm | ↔ 40 cm	hellviolett	VI–VII
H. 'Snow Mouse'	schwachwüchsiges Mäuseohr mit graugrünen Blättern und cremefarbener Zeichnung in der Blattmitte	↕ 15 cm | ↔ 15 cm	violett	VI–VII
H. 'Zebra Stripes'	außergewöhnliche und schwach wachsende Funkie mit weißen Blätter und einer grünen Blattaderung	↕ 30 cm | ↔ 30 cm	violett	VI–VII

JEFFERSONIA
– JEFFERSONIE, HERZBLATTSCHALE

Der erste Präsident und Mitverfasser der amerikanischen Unabhängigkeitserklärung, Thomas Jefferson (1743–1826), gilt als Namensgeber dieser Pflanzengattung. Sie umfasst lediglich zwei Staudenarten, die in Nordamerika und Asien heimisch sind.

Jeffersonia diphylla

Aus ihren Wurzelstöcken treiben grundständige Blätter, zweilappig rundlich bis nierenförmig.

IM GARTEN

Die Pflanzen sind eine hervorragende Bereicherung für schattige Steingärten, Frühlingsrabatten oder Gehölzränder. Ihren Platz finden sie außerhalb der vollen Sonne in humusreichen, frischen Böden, am besten ohne Kalk. Der frische Austrieb kann durch Schneckenfraß stark in Mitleidenschaft gezogen werden.

VERMEHRUNG

Reife Samen sind unmittelbar nach der Ernte auszusäen. Die Keimung erfolgt im nächsten Frühjahr, an die sich das Vereinzeln anschließt. Verzögerte Aussaaten führen zu schlechteren Keimergebnissen und mindestens ein Jahr längerer Keimzeit. Größere Exemplare werden im Frühjahr vorsichtig geteilt.

☞ VERBREITETE ARTEN

ARTNAME	EIGENSCHAFTEN	WUCHS	BLÜTE	BLÜTEZEIT
J. diphylla	büschelige Staude aus Nordamerika, bildet tief geteilte, nierenförmige Blätter in blassgrüner Farbe, weiße Blüten in Einzelstellung ab Mitte des Frühlings, nach der Blüte wird die Pflanze mit ihrer Belaubung höher	↕ 30 cm | ↔ 20 cm	weiß	VI
J. dubia	asiatische Art aus China und der Mandschurei, bleibt kleiner, wirkt zart und zerbrechlich, herz-nierenförmige Blätter im Austrieb hellgrün, später bronzegrün, lavendelviolette Schalenblüten sitzen auf sich streckenden Blütenstielen, Pflanze zieht im Laufe des Sommers ein und hinterlässt einen kahlen Fleck im Beet	↕ 20 cm | ↔ 15 cm	violett	IV–V

Jeffersonia dubia

MOOR- & SUMPFBEET
— Lebensraum für Feuchtigkeitsliebhaber

Seltene Pflanzen wachsen auf der gesamten Welt, teils an ungewöhnlichen Standorten. Es ist nicht verwunderlich, dass so manche Pflanze die Feuchte der trockenen Steinanlage vorzieht.

Zahlreiche Orchideen, Karnivoren, Blatt- und Sumpfstauden sind auf Feuchtwiesen, Sumpfböden oder Mooren heimisch. Diese besonderen Standorte stellen eine Mischung aus den Lebensräumen Wasser und festem Boden dar. Ihre Verbreitung liegt in klimatisch feuchten Zonen. Die Übergänge von Feuchtwiese über Sumpf bis hin zum Moor sind oftmals fließend.

Zu den feuchtigkeitsliebenden Stauden zählen beispielsweise Pflanzen, deren natürliche Standorte sich auf feuchten Wiesen, in Sümpfen oder an Gewässerrändern befinden. Die Feuchtigkeit an diesen Orten fließt nicht oder nur unzureichend ab, sodass die Böden statt nur kühl und feucht, nass bis sumpfig sind.

DER TIEFSTE PLATZ IM GARTEN

Als Standort für Sumpfbeete und Feuchtwiesen sind sonnige Lagen an der tiefsten Stelle im Garten zu empfehlen. Damit die Feuchtigkeit nicht entweichen kann, wird der Boden bis zu 50 cm tief ausgehoben und mit einer Teichfolie ausgelegt. Der Grund kann auch durch tonigen Lehmboden verschlossen werden. Diese Maßnahme ist nur notwendig, wenn die Stelle nicht dauerfeucht ist oder einen hohen Grundwasserstand aufweist. Feuchtwiesen sind in der Regel etwas trockener als reine Sumpfbeete. Die Wahl des Subs-

Sumpfbeet mit kleinem Teich

trats zur Auffüllung hängt von der späteren Bepflanzung ab. Im Gegensatz zum Moorbeet, ist die Erde nicht zwangsläufig stark sauer. Wie in der Natur, sollte sich die Vielfalt der Bepflanzung in Grenzen halten, denn die meisten Sumpfstauden sind wüchsig und benötigen viel Platz. Hochmoore sind Lebensräume der Gebirge. In ihnen wechseln sich Tümpel, auch als Schlenken oder Kolk bezeichnet, mit erhobenen Bulten (Erderhebungen) ab. Die Böden sind sauer und übersteigen kaum einen pH-Wert von 5. Zudem sind sie recht nährstoffarm, was die Artenvielfalt stark einschränkt.

BAU UND ANLAGE

Der Aufwand für die Anlage von Hochmooren ist vergleichbar mit dem Bau eines Steingartens. An

dieser Stelle soll ein grober Überblick ausreichen. Für weiterführende Details muss Spezialliteratur zurate gezogen werden. Die wichtigsten Punkte bei der Anlage sind, dass der Lebensraum von seiner Umgebung abgetrennt ist, eine stetige Wasserversorgung gewährleistet wird und das Substrat nährstoffarm, gut wasserspeichernd und vollkommen kalkfrei ist. Obwohl diese Bedingungen zunächst kompliziert klingen, lassen sie sich je nach den vorherrschenden Gegebenheiten durchaus umsetzen. Als Standort bietet sich ein gesonderter Platz am sonnigen Teichrand oder in der Überlaufzone an. Möglich ist jedoch auch ein für den Zweck hergerichteter Standort. Basis kann ein alter Gartenteich, ein eingelassenes Wasserbecken, eine versenkte Wanne oder ein mit Teichfolie verkleidetes Hochbeet bilden. Wichtig ist, dass ein Wasserreservoir als Speicher integriert wird. Als Substrat wird reiner Hochmoor- bzw. Weißtorf verwendet. Er sollte unverrottet sein und eine grobe Struktur besitzen. Ideal sind Torfziegel, die selten im Handel sind, sich jedoch praktisch für die Reliefgestaltung eignen.

Nach Abschluss der Baumaßnahmen wird die Mooranlage zunächst halb und nach zehn Tagen vollständig gefüllt. Nach weiteren zehn Tagen kann die Bepflanzung des Moors erfolgen. Optisch können alte Baumwurzeln oder Holzstämme in die Anlage eingebunden werden. Sie wirken dekorativ und werten das gesamte Erscheinungsbild auf.

MOORBEETE RICHTIG PFLEGEN

Der Pflegeaufwand eines Moors hält sich in Grenzen. Die wichtigste Maßnahme ist die Wasserversorgung der Anlage, insbesondere in heißen Witterungsperioden. Durch die Verdunstung ist der Wasserspeicher regelmäßig aufzufüllen. Ungebetene Wildkräuter erscheinen durch die besonderen Standorteigenschaften seltener. Dafür können sich Moose stark ausbreiten und die Nachbarflora unterdrücken. Starkwüchsige Pflanzen sind regelmäßig zu verkleinern. Besondere Achtsamkeit ist auf Vögel zu legen, denn sie ziehen bei der Nahrungssuche Pflanzen aus der Erde und richten dadurch erhebliche Schäden an. Vogelschutznetze sorgen für eine ausreichende Abwehr.

Leontopodium alpinum

LEONTOPODIUM
– EDELWEISS

Selten werden deutsche Bezeichnungen ins Englische übernommen, aber „Edelweiss" ist ein solches Beispiel. Kaum eine Pflanze steht mehr für die Bergwelt und ist ein Symbol für diesen Lebensraum.

Zwar scheint das Edelweiß in Zeiten moderner Massenproduktion an Reiz verloren zu haben, jedoch lassen sich die Pflanzen vom Naturstandort nicht mit der Ware im Handel vergleichen. Wer die seltene Gelegenheit bekommt, die Pflanze in den Bergen zu entdecken, weiß um den Unterschied und den Reiz der geschützten Pflanze. Die Stauden sind in Europa, aber auch bis in die Berge Asiens beheimatet. Sie wachsen in steinigen Grasformationen. Die zumeist gräulichen Blätter sind grundständig und bilden aufrechte Triebe. An ihrem Ende entwickeln sich im Frühling Köpfchen, zusammengefasst in einer Trugdolde. Sie ist von wolligen Hochblättern umgeben, die einer Löwentatze ähneln.

IM GARTEN

Die Stauden sind beliebte Pflanzen für den Steingarten und das Alpinum. Auch in Geröll- und Kiesbeeten machen sie eine gute Figur. Sie wünschen sonnige Lagen und einen durchlässig mineralischen Boden, der gut kalkhaltig sein darf. Ein Feuchtigkeitsschutz im Winter ist ratsam.

VERMEHRUNG

Aussaaten werden im späten Winter, ab Februar durchgeführt. Samen vom Vorjahr besitzt eine gute Keimfähigkeit, sofern er kühl und trocken gelagert wurde, beispielsweise im Kühlschrank, alternativ im Keller oder einer Garage. Eine Teilung der Pflanzen ist im Frühherbst ratsam.

Leontopodium nivale

Leontopodium nivale

Leontopodium palibinianum

☞ **VERBREITETE ARTEN**

ARTNAME	EIGENSCHAFTEN	WUCHS	BLÜTE	BLÜTEZEIT
L. alpinum	bekannteste und heimische Art, wächst auf steinigen Hängen und Triften von den Alpen bis in die Pyrenäen und nach Asien, viele Formen und Unterarten, Blüten einzeln an den Stielen	↕ 20 cm | ↔ 10 cm	gelblichweiß, silbrigweiß	V–VI
L. palibinianum	von Sibirien bis in die Mongolei heimisch, bildet rasige Polster mit grünfilzigen Blättern und markante silberweiße Blütenköpfe	↕ 20 cm | ↔ 10 cm	silbrigweiß	VI–VII
L. nivale (syn. *L. alpinum* var. *nivale*)	Heimat im Apennin und Balkan, kompakte Art, wächst kleiner, bildet weißhaarige Blätter und wollige, reinweiße Köpfe und Tragblätter; reagiert sehr empfindlich auf Winternässe	↕ 10 cm | ↔ 10 cm	weiß	V–VI

Lewisia cotyledon (Hybriden) im Geröllbeet

LEWISIA
– BITTERWURZ

Bei den Bitterwurzen handelt es sich um etwa 20 laubabwerfende Staudenarten, die ihr Verbreitungsgebiet in den westlichen Trockengebieten Nordamerikas haben.

Aus einem fleischigen Wurzelstock wachsen sukkulente Blätter in grundständigen Rosetten. Einige Arten behalten ihr Grün, andere werfen ihre Blätter ab. Die Blüten sind äußerst dekorativ und erscheinen in farbenfrohen Trichterblüten.

IM GARTEN

Bitterwurze sind im Alpinum, in Steingärten, Geröll- und Kiesbeeten willkommene Gewächse. Sie eignen sich zudem wie Hauswurze für die dauerhafte Bepflanzung von Trögen oder Pflanzgefäßen. In den letzten Jahren sind Bitterwurze, speziell *Lewisia cotyledon* zum Massenprodukt aus dem Gewächshaus im Handel geworden. Diese Pflanzen wirken zunächst auf den ersten Blick schön, aber leider ist ihre Haltbarkeit stark eingeschränkt. Pflanzen aus Gewächshauskultur sind mit der Robustheit einer Freilandkultur nicht vergleichbar. Laubabwerfende Arten lieben und benötigen die volle Sonne. Immergrüne sind an einem hellen, aber nicht vollsonnigen Platz besser aufgehoben, beispielsweise ost- oder nordseitig von Steingärten. Für alle ist ein guter Wasserabzug erforderlich. Ein kalkfreier Boden sollte unbedingt dräniert sein, jedoch in der Tiefe etwas Feuchtigkeit besitzen. Man ist gut beraten, den

SCHRÄG EINPFLANZEN

Rosettenpflanzen mit einem verdickten Wurzelstock haben alle das Problem, dass sich Wasser in der Rosette sammelt und Fäulnis im Zentrum einsetzt. Für Rosettenpflanzen empfiehlt es sich generell, sie nicht waagerecht, sondern schräg in Fugen oder Ritzen einzusetzen. Die schräge Haltung sorgt für einen seitlichen Wasserabfluss.

Boden um den Wurzelhals vorsichtig zu entfernen und durch losen Kies oder scharfen Sand zu ersetzen. Bei den laubabwerfenden Arten stirbt der Spross nach der Blüte im Sommer ab. Ab dann befinden sich die Pflanzen in ihrer Ruhephase und dürfen kein Wasser mehr erhalten.

VERMEHRUNG

Lewisien setzen willig Samen an. Das Saatgut wird im Herbst in Töpfen ausgesät und keimt für gewöhnlich im nächsten Frühjahr. Bei *Lewisia cotyledon* ist jedoch keine Farbtreue zu erwarten, denn die Sorten hybridisieren sehr stark. Immergrüne Arten bilden Nebenrosetten, die im Frühjahr behutsam abgenommen werden können. *Lewisia tweedyi* lässt sich von erfahrenen Gärtnern durch Blattstecklinge vermehren.

Lewisia tweedyi

☞ VERBREITETE ARTEN

ARTNAME	EIGENSCHAFTEN	WUCHS	BLÜTE	BLÜTEZEIT
L. brachycalyx	kompakte büschelige Rosettenstaude mit verkehrt-lanzettlichen Blättern	↕ 10 cm | ↔ 10 cm	weiß bis blassrosa	V–VI
L. cotyledon	schöne blühfreudige Art in vielfältigen Farbvariationen, leider im Fachhandel zum schnelllebigen Massenprodukt verkommen	↕ 25 cm | ↔ 30 cm	purpurn, rosa bis weiß	IV–VI
L. rediviva	laubabwerfende Bitterwurz mit büscheligen, linealen Blättern, zusammengesetzt als grundständige Rosette, große rosa Blüten von Frühling bis Sommer; spätestens nach der Blüte zieht die Pflanze ein und sollte vor Regen geschützt werden	↕ 5 cm | ↔ 8 cm	rosa	V–VI
L. tweedyi	eine der größten Bitterwurze, aus dem Nordwesten der USA, Rosetten bestehen aus dunkelgrünen, verkehrt-breitlanzettlichen Blättern, mit weit trichterförmige Blüten; eine etwas geschützte Lage als Standort ist ratsam	↕ 25 cm | ↔ 25 cm	pfirsichrosa	IV–V

LEYCESTERIA FORMOSA
– LEYCESTERIE, KARAMELLSTRAUCH

Die Gattung der Leycesterien umfasst nur eine knappe Handvoll Arten, wovon allerdings in unseren Gärten nur *Leycesteria formosa* als außergewöhnliche Schmuckpflanze zu finden ist.

Blüten der Leycesterie

Dekorativer Fruchtschmuck

Im jungen Stadium wirkt die Pflanze noch staudenartig, entwickelt sich aber immer mehr zum laubabwerfenden Strauch. Sie ist im Himalaja und dem westlichen China zu Hause. Die Büsche werden etwa 2 m hoch, teils genauso breit und tragen große, spitz zulaufende Blätter. Der Blattrand ist häufig rot eingefärbt. Ab August erscheinen lange, hängende Ähren mit weißen Blüten, umgeben von purpurroten Tragblättern. Aus den Blüten entwickeln sich im Herbst kugelige, rotpurpurne Beeren mit Samen.

IM GARTEN

Die imposante Pflanze ist eine Besonderheit für größere Staudenpflanzungen oder Gehölzränder. Sie kann auch in Kübeln gehalten werden, nur ist dann ein Schutz vor dem Durchfrieren notwendig. Leycesterien wachsen in der Sonne und im Halbschatten. Der Boden darf nicht zu trocken sein, sollte aber dennoch eine gute Durchlässigkeit und Fruchtbarkeit besitzen. In Regionen mit strengen

Wintern ist ein guter Frostschutz zu empfehlen: Pflanzen mit Vlies oder Reisig abdecken. Zusätzlich schützt das Anhäufeln mit Mulch oder Tannennadeln vor starken Erfrierungen an der Pflanzenbasis.

VERMEHRUNG

Die dunkelroten Beeren enthalten die Samen. Sie werden im Herbst in Töpfen oder Schalen ausgesät. Um die Aussaaten vor Vögeln zu schützen, sollten sie mit Vogelschutznetzen abgedeckt werden. Im Frühsommer können Triebstecklinge geschnitten und bewurzelt werden.

FÜR STREUSCHATTEN SORGEN

Halbgehölze und Sträucher mit Wuchshöhen von bis zu 2 m eignen sich für lockere Pflanzungen, um Streuschatten zu erzeugen. Zwischen den Pflanzen entsteht ein neuer Lebensraum für kleinere schattenliebende Pflanzen wie Elfenblumen, Funkien oder Maiäpfel.

MECONOPSIS
– SCHEINMOHN

Scheinmohn gehört zu den Mohngewächsen. Die Gattung besteht aus etwa 45 Arten. Hauptsächlich sind sie in Asien, auf feuchten schattigen Wiesen, Waldformationen und Felshängen rund um den Himalaja verbreitet.

Scheinmohne sind kurzlebige Pflanzen, auch wenn sie perennierend sind. Die meistens borstig behaarten Blätter sind grundständig als Rosette angeordnet. Ihre Form reicht von lineal-lanzettlich bis fiederteilig und ist artabhängig. Die Blüten sind ähnlich und meist schalenförmig bzw. mohnartig. Besonders bekannt sind die blauen Formen, insbesondere *M. betonicifolia*, der Blaue Tibetmohn.

IM GARTEN

Die asiatischen Arten mit ihren großen Blüten sind im Flachland kompliziert zu halten. Als Hochalpine benötigen sie kühle, feuchte Sommer, die sich klimatisch hierzulande schlecht nachahmen lassen. Man kann sie dennoch mit etwas Aufwand und Mühe kultivieren, jedoch immer mit einem Risiko. Einen Standort finden sie in Schattengärten oder an Bachläufen, wo auch im Sommer etwas feuchte Kühle vorhanden ist. Sie benötigen einen gut humosen, frischen bis feuchten Boden, der neutral bis schwach sauer sein darf. Er sollte zudem so durchlässig sein, dass keinesfalls Staunässe auftritt. Trockene Winde stören den Wasserhaushalt der Pflanzen. Kühle feuchte Lagen schaffen jedoch ein weiteres Problem, denn sie sind auch Rückzugsstätte von Schnecken. Leider steht *Meconopsis* weit

Meconopsis pseudointegrifolia

Meconopsis betonicifolia

Meconopsis grandis

oben auf deren Speisezettel. Ohne Schneckenbekämpfung sind die asiatischen Arten im Garten nicht haltbar. Möglich ist die Kultur in großen Töpfen, die im Notfall schneckensicher hochgestellt werden können. Zudem sollte regelmäßig ein Auge auf Symptome von Echtem Mehltau geworfen werden.

VERMEHRUNG

Die Kurzlebigkeit der Scheinmohne erfordert regelmäßige Vermehrung. Nach der Blüte bilden sich viele Samen, die auch problemlos als Lichtkeimer keimen. Die Samen sollten dünn ausgesät werden und später vorsichtig vereinzelt werden. Dichte Sämlingskolonien erkranken rasch an der Umfallkrankheit.

Meconopsis 'Lingholm'

☞ VERBREITETE ARTEN

ARTNAME	EIGENSCHAFTEN	WUCHS	BLÜTE	BLÜTEZEIT
M. betonicifolia	Blauer Mohn/Tibetmohn, bekannteste Scheinmohn-Art, sommergrün, häufig kurzlebig, bildet große längliche Blätter mit einer rostbraunen Behaarung, borstige Triebe	↕ 50–80 cm | ↔ 40 cm	leuchtend blau, weiß	V–VI
M. grandis	beeindruckende asiatische Art mit stark behaartem Spross, Blüten erreichen einen Durchmesser von bis zu 15 cm	↕ 90 cm | ↔ 40 cm	leuchtend sattblau bis purpurrot	V–VI
M. pseudo-integrifolia	Gelber Himalaja-Scheinmohn, entwickelt riesige creme- bis tiefgelbe Blüten mit einem Durchmesser von bis zu 25 cm	↕ 60 cm | ↔ 30 cm	cremegelb	V–VI

MOLTKIA PETRAEA
– MOLTKIE

Die Pflanzen sind nach dem ehemaligen Gründer des Kopenhagener Naturhistorischen Museums J. G. Moltke (1746–1818) benannt. Die Gattung besitzt etwas mehr als eine Handvoll Arten mehrjähriger Stauden und Sträucher.

Moltkien sind vom Balkan bis nach Südwest-Asien verbreitet. Eine Art *(Moltkia petraea)* findet man gelegentlich bei Steingartenfreunden. Die Pflanze wächst in Nordalbanien zu einem ca. 30 cm hohen und etwa 40 cm breiten Sträuchlein. Der Wuchs wirkt etwas sparrig und steif. Die Blätter sind schmal-lanzettlich und am Rande leicht eingerollt. Zu Beginn des Hochsommers blüht der Strauch in dichten, endständigen Blütenständen, die sich aus vielen leuchtend blauen Einzelblüten zusammensetzen.

IM GARTEN

Die Moltkie ist recht selten, aber in Kreisen der Steingärtner doch bekannt. Sie ist ein guter Sommerblüher für den Steingarten, das größere Alpinum, Schotterbeete oder Trockenmauern. Warme, sonnige Lagen sind zu empfehlen, genau wie durchlässiger Schotterboden oder Mauerspalten. Etwas Kalk im Untergrund ist für das Wachstum förderlich.

Die Pflanze ist an sich robust und winterhart, jedoch können eisige Winde in exponierten Lagen zu Erfrierungen führen. Reisig oder Frostschutzvlies sollte den Pflanzen über kalte Perioden etwas Schutz bieten.

VERMEHRUNG

Gewonnenes Saatgut lässt sich im Herbst in Töpfe aussäen. Grüne Triebstecklinge werden im späten Frühjahr vor der Blüte geerntet und verholzende Triebe können abgesenkt werden.

Moltkia petraea

MORINA LONGIFOLIA
– LANGBLÄTTRIGE KARDENDISTEL

Der französische Arzt und Botaniker L. Morin aus dem 17. Jh. ist der Namensvater dieser attraktiven Disteln. Fünf Arten sind zwischen Südost-Europa und China verbreitet. In Kultur ist hauptsächlich die Langblättrige Kardendistel *(Morina longifolia)* anzutreffen.

Obwohl ihr Name gleichlautend ist und sie an Disteln erinnern, gehört *Morina* nicht zu den Korbblütlern. Sie stammt aus Nepal und hält auch mitteleuropäische Winter problemlos durch. Aus einem kräftigen Wurzelstock wachsen schmale, stachelig-gezähnte Blätter zu einer dichten Rosette. Sie erreicht einen Durchmesser von bis zu 50 cm. Aus ihrer Mitte entsteht im Sommer ein bis zu 1 m hoher Stängel mit einer endständigen Blütenähre. Zu Beginn sind die Blüten weiß und verfärben sich zunehmend rosa.

IM GARTEN
Kardendisteln verdienen einen besonderen Platz. Als blühende Exemplare wirken sie prächtig, sodass sie am besten in Einzelstellung stehen oder von kleineren Nachbarn wie Kriechendem Schleierkraut *(Gypsophila repens)* oder Stachelnüsschen *(Acaena)* umgeben werden. Sie passen in Blumen- und Gräserpflanzungen, Kies- und Steppengärten, wirken aber auch am Grund von Trockenmauern. Die Pflanzen können viele Jahre alt werden und einigen Platz einnehmen. Wirkungsvoll sind zudem die Blattrosetten, die sie zu einer dekorativen Blattschmuckpflanze machen. Vollsonnige Standorte sind die erste Wahl. Gute Durchlässigkeit und etwas Kalk erfüllen die Bodenansprüche. Schneckenfraß an jungen Blättern ist im Frühjahr möglich. Zu feuchte und schattige Plätze können zu Fäulnis und Pilzbefall führen. Umpflanzen verträgt die Kardendistel kaum.

VERMEHRUNG
Nach der Blüte bilden sich Samen, die jedoch schwer keimen. Die Aussaaterde sollte mit

Morina longifolia

grobem Sand angereichert werden, wobei das Substrat nach der Aussaat nicht austrocknen darf. Ideal ist es, wenn jeder Samen in einen einzelnen Aussaattopf gesät wird. Somit wird eine Störung der Sämlinge vermieden.
Wurzelschnittlinge von *Morina* lassen sich von erfahrenen Gärtnern im Winter gewinnen.

MUKDENIA ROSSII
– AHORNBLATT

In den Wäldern Nordost-Asiens ist das zarte Ahornblatt heimisch, von dem es zwei Arten gibt. In der Gartenkultur ist lediglich *Mukdenia rossii* (syn. *Aceriphyllum rossi*) als Blattschmuckpflanze mit wundervoller Herbstfärbung bekannt.

Das Ahornblatt ist eine rhizombildende und laubabwerfende Staude, die eine Höhe von etwa 35 cm erreicht und 40 cm breit wird. Bereits vor dem Laubaustrieb bilden sich ab Ende März cremeweiße, kurze Blütenrispen, die bis zum vollständigen Laubaustrieb erhalten bleiben. Die großen Blätter sind fünf- bis neunfingrig und färben sich zum Herbst hin rot bis bronzefarben ein. Sie erinnern zu diesem Zeitpunkt an die prächtige Laubfärbung der Ahorne.

IM GARTEN

Das kaum bekannte Ahornblatt ist eine hervorragende Blattstaude für Gehölzränder, Unterpflanzungen und Schattengärten. Besonders attraktiv ist die Laubfärbung älterer Exemplare. Als Standort ist ein halbschattiger Platz zu wählen. Humus- und laubreiche Erde mit gleichmäßiger Feuchtigkeit sind der Anspruch an den Untergrund. Junge Blätter können während des Austriebs von Schneckenfraß betroffen sein.

VERMEHRUNG

Obwohl das Ahornblatt Samen bildet und die Aussaat möglich ist, ist es jedoch viel einfacher, größere Pflanzen im Frühjahr mit beginnendem Austrieb zu teilen.

Mukdenia rossii

KIES- & STEPPENGÄRTEN

— *Sonnenbeete mit Steppencharakter*

In Zeiten der Klimaerwärmung erfreuen sich Kies- und Steppengärten steigender Popularität. Sie bilden eine natürliche bis wilde Mischung aus Steingarten, Geröllbeet und Staudengarten.

Ihre Erscheinung wirkt wie ein ebener Steingarten im Großformat. Beim Bewuchs handelt es sich hauptsächlich um Stauden, Gräser und Gehölze, die mit Sonne und Trockenheit gut umgehen können. Die Pflanzen kommen aus Steppenlandschaften oder trockenen Gebirgszügen. Im Vergleich zu Steingartenpflanzen werden sie jedoch höher, wodurch die Pflanzen in alpinen Anlagen zu einnehmend und mächtig werden.

AUFBAU UND ANLAGE

Den Untergrund bildet ein Geröll- oder Steinbeet in vollsonniger Lage. Es bieten sich insbesondere nach Süden ausgerichtete Gärten und Hänge an. Insofern es sich nicht um eine Hanglage oder ein Terrassenbeet handelt bzw. der gewachsene Boden eine starke Durchlässigkeit aufweist, wird der Untergrund durch eine Schotterschicht dräniert. Sie sorgt für einen optimalen Wasserabzug. Im Gegensatz zu einem Steinbeet mit kleinwüchsigen Pflanzen sind Kies- und Steppengärten von Arten mit höherem Wuchs geprägt. Sie entwickeln ein umfassenderes Wurzelwerk, um ihre Standfestigkeit zu sichern. Daher sollte die Dränageschicht nicht ein, sondern zwei Spatentief eingearbeitet werden. Alternativ kann das Beet auch ein Spatentief aufgeschüttet und höhergelegt werden. Dieser Aufwand ist nur bei ebenen Flächen notwendig. An Hängen läuft das Wasser ab, sodass auf zusätzliche Dränage verzichtet werden kann.

Kombination für Kiesgärten: Stauden und Gräser

Lewisia cotyledon im Kiesbeet

Die Fläche eines Kies- und Steppengartens ist in der Regel größer als die der Steinbeete. Um einer Verunkrautung vorzubeugen, empfiehlt es sich, die pflanzfertige Oberfläche mit einem speziellen Unkrautvlies abzudecken. Das Gewebe verhindert, dass Wurzel- und Samenunkräuter später durch die Kiesschicht hervordringen und ein Eigenleben entwickeln. Unkräuter in Steinanlagen sind allgemein eine Plage. Sie sind schwer zu entfernen, da ihre Wurzeln kaum herauszubekommen sind.

PFLANZABSTÄNDE

Im Gegensatz zu einer normalen Staudenpflanzung, sind die Abstände zwischen den Pflanzen bzw. Pflanzengruppen etwas großzügiger zu halten. Hierdurch kommt die optische Wirkung des Kiesgartens besser zur Geltung. Vor der Pflanzung werden die Pflanzen an den späteren Stand-

orten positioniert. Mit der Pflanzung wird ein kleines Kreuz ins Gewebe geschnitten. In diese Öffnung wird die Pflanze eingesetzt. Erst nach dem Pflanzen wird die Kiesoberfläche aufgetragen und zwischen den Pflanzungen verteilt.

STEPPENBEETE

Steppenbeete sind deutlich weniger aufwändig. Hierfür reicht es aus, Beete in sonniger Lage und mit gut durchlässigen Böden pflanzfertig herzurichten. Sie werden wie herkömmliche Staudenbeete bepflanzt, jedoch mit trockenheitsverträglichen Pflanzen. Optisch lassen sich diese Gartenformen durch den Auftrag von Geröll und Schotter, auch abgetrockneten Baumwurzeln aufwerten. Zahlreiche Steppenpflanzen neigen zur Selbstaussaat. Sofern der Garten einen urwüchsigen oder wilden Charakter besitzt, kann dieses natürliche Verhalten auch gewollt sein.

OPHIOPOGON
– SCHLANGENBART

Bei der Gattung der Schlangenbärte handelt es sich um immergrüne rhizombildende Stauden. Etwa 50 Arten sind dokumentiert. Der botanische Name
wurde vermutlich von dem japanischen Wort für Drachenbart abgeleitet.

Heimisch sind die Schlangenbärte überwiegend
in Ostasien, speziell in Strauchformationen Chi-
nas und Japans. Eine enge Verwandtschaft besteht
zur Lilientraube *(Liriope)*. Die Stauden bilden
fleischige Wurzeln, häufig mit Ausläufern. Aus
ihnen treiben grasartige, riemenförmige Blätter.
Die Blüten zeigen sich im Sommer und sind un-
scheinbar in kleineren Trauben zusammengesetzt. Aus ihnen entwickeln sich schwärzliche
Beeren, die Samen enthalten.

Ophiopogon planiscapus 'Nigrescens'

IM GARTEN

Schlangenbärte sind gute Gartenpflanzen, die
sich als Bodendecker oder Überwuchs für Zwie-
bel- und Knollengewächse eignen. Die lockeren
Polster zieren meistens mit ihrem auffälligen
Laub. Sie gedeihen sowohl in der Sonne als auch
im Halbschatten.

Ein frischer bis feuchter Boden mit Tendenz zum
Sauren und einer guten Durchlässigkeit ist ausreichend. Die Pflanzen benötigen nach der Pflanzung einige Zeit zur Eingewöhnung. Haben sie
einmal Fuß gefasst, bilden sie rasch eine lockere
und dekorative Bodenbegrünung.

VERMEHRUNG

Sobald sich die glänzenden Beeren aus dem
Fruchtstand lösen lassen, sind die Samen reif.
Sie können unmittelbar nach der Ernte in Töpfe
ausgesät werden.

Größere Pflanzenbestände lassen sich im zeitigen
Frühjahr zu Beginn des Wachstums teilen.

☞ VERBREITETE ARTEN UND FORMEN

ARTNAME	EIGENSCHAFTEN	WUCHS	BLÜTE	BLÜTEZEIT
O. jaburan	etwas frostempfindlich, bis zu 60 cm lange riemenförmi-ge Blätter, zierend sind 'Vittatus' oder 'White Dragon'	↕ 60 cm | ↔ 30 cm	flieder-farben	VIII–IX
O. japonicus	rhizombildende Staude, kompakt, gut wüchsig, Zwerg-form 'Minor' bildet grasartige Polster	↕ 30 cm | ↔ 30 cm	weiß	VII–VIII
O. planiscapus	gruppenbildend, für Bodenbegrünung, besonders beliebt ist die schwarzblättrige Sorte 'Nigrescens' als Strukturpflanze für kontrastreiche Pflanzungen	↕ 20 cm | ↔ 30 cm	purpur-weiß	VII–VIII

PARADISEA
– PARADIESLILIE

Zu Ehren des Gartenbauförderers G. Paradisi (1760–1826) wurde diese Pflanzengattung nach ihm benannt. Sie besteht aus nur zwei Arten, die in Südeuropa beheimatet sind.

Paradisea liliastrum

Die mehrjährigen Pflanzen bilden fleischig-büschelige Wurzeln mit grundständigen, grasartigen Blättern. Die lockeren Blütentrauben erscheinen erst an älteren Exemplaren im späten Frühling. Sie sind aus bis zu 20 trompetenförmigen Blüten zusammengesetzt, die einen schönen Duft verströmen und einseitswendig ausgerichtet sind.

IM GARTEN

Paradieslilien sind eine Bereicherung für Staudenbeete, Kies- und Steppengärten oder größere Steingartenanlagen. Sie wirken gut in Kombination mit niedrigen Gräsern oder kleineren Stauden. Je älter die Pflanzen werden, desto mehr gewinnen sie an Attraktivität. Die Pflanzen bevorzugen sonnige Standorte. Ein mäßig humoser Boden sollte eher etwas trockener als frisch sein. Es ist ratsam, die Pflanzen über Jahre an ihrem Platz zu lassen. Die Blüten lassen sich als Schnittblumen verwenden.

VERMEHRUNG

Vermehren lassen sich Paradieslilien durch Samen, die unverzüglich nach der Reife ausgesät werden sollten. Werden sie über längere Zeit bis zur Aussaat gelagert, verzögert sich die Keimung deutlich und ist sehr unzuverlässig. Da die Pflanzen im Wachstum nicht gestört werden möchten, ist das Pikieren direkt am endgültigen Standort zu empfehlen. Jungpflanzen werden jedoch gern von Schnecken heimgesucht. Die Teilung von Paradieslilien ist nur bedingt im jungen Stadium und im zeitigen Frühjahr möglich.

☞ VERBREITETE ARTEN UND FORMEN

ARTNAME	EIGENSCHAFTEN	WUCHS	BLÜTE	BLÜTEZEIT
P. liliastrum	wächst im Südwesten Europas auf sonnigen Wiesen und Abhängen, größere Vorkommen bilden üppige weiße Blütenflächen, besonders selten ist die gefüllte Form 'Plena'	↕ 60 cm | ↔ 30 cm	weiß	V–VI
P. lusitanicum	in Südwest-Europa heimische Art mit höherem Wuchs, bildet bis zu 20 cm lange Blütentrauben	↕ 120 cm | ↔ 40 cm	weiß	VI–VII

Paris polyphylla

PARIS
– EINBEERE

Die etwa 20 Arten der Einbeeren sind keine Allerweltspflanzen. Woher ihr Name genau stammt, konnte trotz mehrerer Vermutungen, bis heute nicht ausreichend geklärt werden. Die Pflanzen sind von Europa über den Kaukasus bis nach Ostasien verbreitet.

Ihre aufrechten Sprosse tragen Wirtel mit mindestens vier eiförmigen bis lanzettlichen Blättern. Sie sind knapp unterhalb der einzelnen, endständigen Blüte angeordnet. Die Blüte ist markant radspinnen- oder sternförmig mit weit herausragenden Staubblättern geformt. Nach ihrer Befruchtung entsteht eine dunkle oder bläuliche Beere.

IM GARTEN
Obwohl Einbeeren nicht über einen weithin sichtbaren Blütenschmuck verfügen, sind sie in Gehölz- und Schattengärten außergewöhnliche Pflanzen.
Sie bilden, ähnlich wie Maiglöckchen, Ausläufer und entwickeln sich damit zu dekorativen Gruppen. Die Früchte können für Kinder reizvoll wirken. Da sie wie die restliche Pflanze giftig sind, sollte man gut aufpassen oder die Beeren frühzeitig entfernen. Einbeeren lieben kühlere, halbschattige bis schattige Plätze mit einem feuchten, humus- und laubreichen Boden. Nach der Pflanzung sollten sie über längere Zeit unberührt wachsen dürfen, damit sie sich zu größeren Gruppen entwickeln können. Rhizome und der Jungtrieb können von Schnecken befallen werden.

VERMEHRUNG
In den großen Früchten sind Samen enthalten. Sie sind unmittelbar nach der Reife auszusäen, denn bereits im Normalfall benötigen sie ein bis drei Jahre bis zur Keimung. Größere Gruppen lassen sich nach dem Absterben der Blätter zu Beginn der Ruhephase teilen.

Paris quadrifolia   *Paris*-Gruppe als Gehölzunterpflanzung

☞ **VERBREITETE ARTEN**

ARTNAME	EIGENSCHAFTEN	WUCHS	BLÜTE	BLÜTEZEIT
P. incompleta	aus dem Kaukasus, die auffällig gemusterten Sprossstiele besitzen einen Wirtel mit sechs bis neun Blättern, über dem sich im Frühjahr die grüne Blüte mit kürzeren gelben Staubblättern bildet	↕ 40 cm | ↔ 20 cm	grün mit gelben Staubblättern	IV–V
P. polyphylla	wächst langsam mit kurzen Erdstämmen, vom Himalaja über Westchina bis nach Thailand verbreitet, Sprosse tragen einen Wirtel mit sechs bis zwölf verkehrt lanzettlichen Blättern; Blüten wirken spinnenartig, da die gelben Staubblätter bis zu 10 cm weit heraustreten; beim Platzen der grünen Samenkapseln entweichen leuchtend rote Samen	↕ 50 cm | ↔ 30 cm	grün mit gelben Staubblättern	IV–V
P. quadrifolia	rhizombildend, kriechend, von Europa bis nach Asien heimisch, senkrechte Sprosse tragen einen Wirtel aus vier bis sechs Blättern, sternförmige Blüten wirken wie kleine Kronen; nach der Blüte folgen blauschwarze Früchte, die an Heidelbeeren erinnern	↕ 30 cm | ↔ 30 cm	grün mit gelben Staubblättern	IV–V

PHYSOPLEXIS COMOSA
– TEUFELSKRALLE

Bei der Teufelskralle beginnen bei den meisten Pflanzensammlern die Augen zu leuchten. Gehörte sie früher zu den anderen Teufelskrallen *(Phyteuma)*, ist *Physoplexis comosa* heute die einzige Art ihrer Gattung.

Physoplexis comosa

Auffällige und einzigartige Blütenform

Die Staude ist in den Dolomiten heimisch. Dort wächst die hochalpine Pflanze in Spalten und Felswänden. Mit ihren verdickten Wurzeln dringt sie tief in das Erdreich ein. Der Austrieb erfolgt vergleichsweise spät im Frühjahr, als Rosette mit rundlich-nierenförmigen Blättern. Die Pflanzen wachsen gedrungen als kompakter Tuff, der weniger als 10 cm hoch und 15 cm breit wird. Ab Ende Mai bilden sich die lilarosa Blüten, die sich zu halbkugeligen Scheindolden zusammensetzen. Markant ist die schmal zulaufende Schnabelform, die nach vorn immer dunkler wird.

IM GARTEN

Die Teufelskralle gehört in erfahrene Liebhaberhände. Sie benötigt Felsspalten oder tiefe Bohrlöcher in absonniger oder nach Osten ausgerichteter Lage. Für das Substrat ist eine mäßig humose, mit feinem Kalkschotter und -grus durchsetzte Mischung zu empfehlen. Es sollte einen hervorragenden Wasserabzug besitzen. Beim Einpflanzen sind die Pflanzen mit Steinen so zu verankern, dass sie sich nicht herauslösen können. Winternässe wirkt sich sehr schädlich auf die Pflanze aus. Ebenso schädlich sind Schnecken, die an den Glockenblumengewächsen massiven Schaden anrichten können.

VERMEHRUNG

Die Vermehrung ist nach der Samenbildung recht einfach. Aussaaten im Herbst keimen im nächsten Frühjahr. Damit die Pflanzen nicht unnötig gestört werden, sollte man die Sämlinge in schmale, tiefe Tontöpfe vereinzeln. Nach etwa zwei Jahren sind die Pflanzen so groß, dass sie ausgepflanzt werden können.

POLYGALA
– KREUZBLUME

Kreuzblumen sind eine sehr große Gattung, die über 500 Arten umfasst und ausgenommen einzelner Landstriche weltweit anzutreffen ist. Die Spannbreite reicht von einjährigen Pflanzen bis zu mehrjährigen Stauden und sogar Sträuchern.

Auffällig sind die Blüten: Zwei ihrer Kelchblätter sind zu kronenblattartigen Flügeln geformt. Die zwei unteren Kronblätter bilden einen Kiel mit gefranster Spitze. Die darüberliegenden Kronblätter weisen die Form einer Lippe auf. Pflanzensammler begehren vor allem die mehrjährigen Gebirgsarten, die meist langsam wachsen und für die Freilandkultur zu empfehlen sind.

IM GARTEN

Kreuzblumen eignen sich für Alpinum, Steingärten oder Trogbepflanzungen. Sie lieben sonnige Lagen. Im Halbschatten sind sie dagegen recht träge in ihrer Blütenbildung. Die strauchförmig verholzenden Arten sind für eine windgeschützte Lage dankbar. Sie wünschen einen steinig-lockeren Boden mit erhöhtem Kalkgehalt. Frostige Winde können in strengen Wintern durchaus irreparable Schäden verursachen.

Polygala chamaebuxus 'Multicolor'

VERMEHRUNG

Die Vermehrung ist nicht so einfach. Eine Möglichkeit ist die Abnahme von Stecklingen im Herbst, die im Kalt- oder Alpinenhaus über den Winter bewurzeln können. Alternativ können von älteren Exemplaren Ausläufer mit Wurzeln abgetrennt werden.

☞ VERBREITETE ARTEN UND FORMEN

ARTNAME	EIGENSCHAFTEN	WUCHS	BLÜTE	BLÜTEZEIT
P. calcarea	ihr dt. Name Kalk-Kreuzblume weist auf ihren Wunsch nach kalkhaltigem Boden hin; bildet flache, immergrüne Matten aus grundständigen Rosetten; wüchsiger als die Art sind die Kultivare 'Bulley's Form' und 'Lillet'	↕ 5 cm | ↔ 20 cm	blau bis dunkelblau	V–VI
P. chamaebuxus	Buchsblättrige Kreuzblume wächst zu einem kleinen, immergrünen Zwergstrauch heran, wird in den Alpen als Alpenbuchs bezeichnet	↕ 15 cm | ↔ 30 cm	weiß bis blassgelb mit purpurnem Schiffchen	IV–V
P. vayredae	stammt aus den Pyrenäen, ähnelt der heimischen Buchsblättrigen Kreuzblume, wächst aber kompakter, besitzt schmalere Blätter; bildet über die Jahre lange, unterirdische Ausläufer	↕ 20 cm | ↔ 40 cm	purpurfarben mit gelbem Schiffchen	IV–V

PRIMULA
– AURIKEL, SCHLÜSSELBLUME

Primeln sind weithin bekannte und beliebte Garten- und Saisonpflanzen. Die Gattung ist so vielfältig, dass sich mehrere Kapitel über sie schreiben ließen. In über 400 Arten sind sie fast auf der gesamten Nordhalbkugel verbreitet sowie in Ostasien.

Primeln tragen den Frühling in den Garten. Nicht umsonst rührt das lateinische Wort *primulus* von *primus*, was so viel wie „der Erste" heißt. Primeln bevölkern Feuchtwiesen und Sümpfe, wagen sich aber auch bis in die höchsten Gebirge vor. Fast die Hälfte aller Arten stammt aus dem Himalaja.

Bei Primeln handelt es sich hauptsächlich um krautige Stauden mit einer teils verholzenden Basis. Sie bilden kompakte Horste mit grund-ständigen Blattrosetten. Die Blätter sind breit- bis verkehrt-eiförmig, häufig von blassgrüner Farbe. Einige Arten haben die Eigenschaft, einen meh-ligen Belag zu entwickeln.

Eine Freude sind die Blüten, die in den unter-schiedlichsten Farbvarianten erscheinen. Sie sind stieltellerförmig, teils röhrig, glockig oder trich-terförmig. Allen gemeinsam sind die abstehenden Kronblätter, die sich zum Schaft hin röhrig ver-engen. Obwohl Primeln in etwa 40 Sektionen

Primula japonica

Primula palinuri

Primula sieboldii

Primula mooreana ssp. *capitata*

Primula chungensis

Primula pulverulenta 'Bartley Strain'

gegliedert werden, werden sie gartenbaulich anhand der Blütenformation in drei Hauptgruppen unterteilt:

— *Auricula*-Primeln: viele alpine Arten mit flachkronigen, kontrastreichen Blüten und unterseits bemehlten Blättern
— Kandelaber-Primeln: zumeist sommerblühende Arten mit etagenförmig angeordneten Blütenwirteln
— *Juliae-Polyantha*-Primeln: heterogene Gruppe, die im Winter oder Frühjahr in Blütenbüscheln oder -dolden blüht

IM GARTEN

Primeln sind wertvolle Gartengewächse. Je nach Art (siehe Tabelle) fühlen sind sie im Alpinum, dem Stein- und Staudengarten, aber auch an Teichrändern und in Sumpfbeeten gut aufgehoben. Sie vertragen sowohl Sonne als auch Halbschatten. Zwergige Arten aus den Gebirgen suchen einen eher durchlässigen Boden, der dennoch etwas frisch-humos sein darf. Alpinprimeln reagieren auf direkte Nässe empfindlich. Sie sollten nicht überbraust werden, besser ist es, die Erde um die Pflanzen herum zu befeuchten. Einen zusätzlichen Nässeschutz stellt eine Manschette aus Kies um den Wurzelhals dar.

Primula auricula

Primula hirsuta

Primula vialii

Primula x *loiseleurii*

Ein großer Teil der Kandelaber- und *Juliae-Poly-antha*-Primeln verträgt normale bis feuchte Gartenböden. Sie lassen sich daher im Staudenbeet oder an Bach- und Teichrändern verwenden.

VERMEHRUNG

Die Samen der frostharten Arten werden nach ihrer Reife im Herbst – insbesondere für Kaltkeimer empfehlenswert –, oder ab dem späten Winter in Töpfe ausgesät. Von Herbst bis Frühling kann in frostfreien Zeiten geteilt werden. Wurzelschnittlinge sind bei einigen Arten mit ausgeprägtem Wurzelstock in der Ruhephase während des Winters möglich.

Primula marginata 'Lacinata'

☞ VERBREITETE ARTEN UND FORMEN

ARTNAME	EIGENSCHAFTEN	WUCHS	BLÜTE	BLÜTEZEIT
P. auricula (*Auricula*-Primel)	Alpen-Aurikel, von Mitteleuropa bis in die Karpaten verbreitet, wächst in heller bis leicht halbschattiger Lage auf mit Kalkschotter durchsetzten Böden, normale Gartenböden sind wenig geeignet	↕ 20 cm | ↔ 20 cm	gelb	IV–V
P. hirsuta (*Auricula*-Primel)	Behaarte Schlüsselblume, von den Alpen bis in die Pyrenäen verbreitet; bildet Blattrosetten mit spatel- bis verkehrt-eiförmigen Blättern, die am Rand gesägt sind	↕ 10 cm | ↔ 20 cm	purpurrosa	III–IV
P. japonica (Kandelaber-Primel)	Japanische Primel, im Sommer etagenförmige Blüten, rosettenbildend, wächst unproblematisch an feuchten bis sumpfigen Standorten, idealerweise am Teichrand oder im Sumpfbeet	↕ 45 cm | ↔ 40 cm	purpurn bis weiß	V–VI
P. marginata (*Auricula*-Primel)	Seealpen-Primeln stehen den Aurikeln nahe, wünschen einen vergleichbaren Standort und sind ein verträglicher Nachbar; sie bilden eine verholzende Basis, die als Erdstamm bezeichnet wird; tief gezähnte, häufig blass- bis graugrüne Blätter; die Zähnung wird von der Auslese 'Laciniata' nochmals übertroffen	↕ 15 cm | ↔ 20 cm	blauviolett	IV–V
P. palinuri (*Auricula*-Primel)	sonnenliebend, wächst auf einem sehr eingeschränkten Gebiet rund um den Vesuv in Felswänden über dem Meer; gedeiht im Garten in Mauern, die von oben vor Nässe und im Winter vor eisigen Winden geschützt sind; innerseits bemehlte Blüten bereits ab Ende des Winters in nickenden, orangegelben Blütendolden	↕ 25 cm | ↔ 25 cm	orangegelb	III–V
P. sieboldii (*Juliae-Polyantha*-Primeln)	Siebold-Primeln sind zwar nicht selten, dafür zieren sie im Frühling mit großen, rosavioletten Blüten; wachsen unproblematisch, eignen sich für normale Staudengärten oder Blumenbeete; auch schöne Auslesen in Weiß oder Dunkelrot	↕ 30 cm | ↔ 40 cm	rosaviolett	IV–V

PULSATILLA
– KÜCHENSCHELLE, KUHSCHELLE

Die frühlingsblühenden Küchenschellen sind eng mit den Anemonen verwandt. Sie wurden früher dieser Gattung zugeordnet, dann jedoch in die eigene Gattung *Pulsatilla* ausgegliedert. Seit Kurzem wandern einige Arten taxonomisch wieder zu den Anemonen zurück.

Der Name leitet sich von dem lateinischen Wort *pulsatus* ab, was Stoß oder Schlag bedeutet und sich auf den Glockenschlag bzw. die Glockenform der Blüten bezieht. Etwa 30 Arten umfasst die Gattung der Küchenschellen, die in niedrigen Rasen- und Gebirgsflächen Europas, Westasiens und Nordamerikas wachsen. Sie bilden einen kräftigen Wurzelstock, aus dem fein zerschlitzte Blätter er-

scheinen. Oftmals sind sie behaart, wie die Blütenstiele und ihre Becher- oder Glockenblüten. Aus den Blüten reifen silbrige, lange Samen heran, die in dekorativen Fruchtköpfen vereint sind.

IM GARTEN
Die wertvollen Frühlingsblumen gedeihen an sonnigen Orten in fruchtbarem, gut durchlässi-

Pulsatilla halleri ssp. *slavica*

Pulsatilla vernalis

gem Boden. Staunässe sollte unbedingt vermieden werden. Bei der Kultur gilt zu beachten, dass Störungen im Wurzelbereich nicht vertragen werden und die Pflanzen nur noch schlecht anwachsen. Deshalb sollten sie nur jung verpflanzt und dann an ihrem Platz belassen werden. Küchenschellen zählen zu den Giftpflanzen: Sie rufen bei Verzehr Übelkeit und Vergiftungserscheinungen, bei empfindlichen Menschen auch bei Kontakt Hautreizungen hervor.

VERMEHRUNG

Zu vermehren sind die Stauden generativ durch geerntetes Saatgut. Wenn sich die fädrigen Samen aus dem Fruchtstand lösen, werden sie umgehend in Töpfe ausgesät. Bei den seltenen Arten empfehlen sich schmale, tiefe Tontöpfe, um sie später als Jungpflanze direkt an ihren endgültigen Standort auszupflanzen. Die geläufigen Arten können von versierten Gärtnern durch Wurzelschnittlinge vervielfältigt werden.

Pulsatilla albana

☞	**VERBREITETE ARTEN**				
ARTNAME	**EIGENSCHAFTEN**	**WUCHS**		**BLÜTE**	**BLÜTEZEIT**
P. albana	zierliche Form aus dem südlichen Balkan, dem Kaukasus bis in den Iran; es gibt sowohl eine gelbliche als auch eine violette Form	↕ 20 cm	↔ 15 cm	gelb oder violett	V
P. alpina	Alpen-Küchenschelle, bildet in den Alpen Horste, die vom späten Frühjahr bis in den Sommer in weißen Becherblüten schmücken, wird neuerdings wieder zu den Anemonen gezählt	↕ 30 cm	↔ 20 cm	weiß	V–VI
P. flavescens	Gelbe Küchenschelle, erscheint im Frühjahr mit schwefelgelben Becherblüten; wird heute ebenfalls wieder zu den Anemonen gezählt, obwohl sie bezüglich ihres Wesens doch eher eine *Pulsatilla* ist	↕ 25 cm	↔ 20 cm	schwefelgelb	IV–V
P. grandis	Große Küchenschelle; große violette, weit geöffnete Blüten an straff aufrechten Stielen	↕ 35 cm	↔ 25 cm	violett	III–IV
P. halleri	Hallers Küchenschelle, auffällige silbrige Behaarung der Blätter, Stiele und Blüten; besonders zierend wegen ihrer noch stärkeren Behaarung wirkt die Slawische Unterart *P. halleri* ssp. *slavica*	↕ 20 cm	↔ 15 cm	violett	III–IV
P. vernalis	Frühlings-Küchenschelle, besonders frühblühend, wächst sehr kompakt, aus den hängenden Blütenglocken entstehen weiße bis hellviolette aufgerichtete Becherblüten	↕ 10 cm	↔ 10 cm	weiß bis hellviolett	III–IV

BLÜHENDE BERUFUNG
— *Ralf Schulze*

Der Pflanzenkultivateur aus dem thüringischen Unterwellenborn gilt mit seinem Sortiment als Geheimtipp auf zahlreichen Märkten im Bundesgebiet.

Schaubeet und Mutterpflanzenquartier

Ihr Sortiment ist breit gefächert und besticht mit allerlei Ausgefallenem. Wie wählen Sie Pflanzen für Ihr Sortiment aus oder sind Sie ein Pflanzensammler?

Obwohl ich ein angeborenes Pflanzeninteresse besitze, bin ich kein typischer Sammler. Mir gefallen viele Pflanzen, insbesondere die, die man nur selten findet und die einen guten Gartenwert besitzen. Da ich mit dem Pflanzenverkauf seit 2001 meinen Unterhalt verdiene, sollten die Pflanzen nicht nur mich, sondern auch meine Kunden begeistern können. Mein Sortiment umfasst größtenteils Stauden, Alpine und Gehölze, die sich durch Robustheit und Winterhärte auszeichnen. Was ich nicht in meinem Sortiment haben möchte, sind kurzzeitig gehypte Trendpflanzen.

Gibt es in Ihrem breiten Sortiment spezielle Lieblinge?

Etwas besonders zu bevorzugen, bedeutet wiederum andere Pflanzen zu vernachlässigen. Es gibt so viele schöne Pflanzen, die mir gefallen. Ich mag beispielsweise die edlen Blüten der Iris, aber auch insektenfreudige Lippenblütler mit ihrem aromatischen Laub. Auffällige und schöne Blatt-

Vielfalt in übersichtlichem Anbau

„Eine naturnahe Kulturführung in einer natürlichen Umgebung ist mir wichtig."

zeichnungen wecken ebenfalls mein Interesse. Weniger spannend finde ich Korbblütler, auch wenn es durchaus reizvolle alpine Arten gibt.

Ihre Gärtnerei ist schlicht und nicht sonderlich groß. Gelingt der Spagat mit dem breiten Sortiment?

Um gute Pflanzen zu kultivieren, bedarf es keiner hochmodernen Gärtnerei. Ganz im Gegenteil – die traditionelle Kulturweise ist naturnah und zeigt sich in der Robustheit. Die Pflanzen wachsen ganzjährig im Freiland, lediglich die nässeempfindlichen Arten werden im Folientunnel überwintert. Als Substrate verwende ich Gärtnererden, die aber durch das Einmischen von Zusatzmaterialien verbessert werden. Blähschiefer erhöht beispielsweise die Strukturstabilität der Erde, sodass es nur selten zu gravierenden Nässeschäden im Winter kommt.

Rund um die Gärtnerei fühlen sich Brennnessel, Labkraut, Rainfarn und viele andere Wildpflanzen wohl. Haben Sie keine Angst, dass sie sich zwischen Ihren Pflanzen einnisten?

Für mich ist eine naturnahe Kulturführung in einer natürlichen Umgebung wichtig. Die wilde Vielfalt im Umfeld bewirkt einen biologischen Pflanzenschutz, sodass ich lediglich auf Schneckenkorn angewiesen bin. Die Pflanzen bleiben ansonsten ohne Agrarchemie weitestgehend von Schädlingen verschont.

Dann gehören Sie zu den Glücklichen, die kaum mit Misserfolgen bei der Pflanzenkultur zu kämpfen haben?

So ist es nicht. Misserfolge und Lehrgeld gehören immer dazu. Zur Verzweiflung bringt mich die Kultur von *Astragalus* und einigen Arten von *Penstemon*. Besser gelingt mittlerweile die Vermehrung von *Acantholimon*, *Townsendia* und Onco-Iris. Einige Wiederholungsversuche probiere ich, aber wenn eine Pflanze überhaupt nicht mag, erzwinge ich es nicht.

Es ist ungewöhnlich, dass Sie Ihr großes Sortiment nicht im Internet, sondern nur auf Spezialmärkten anbieten.

Der Verkauf auf Märkten begleitet mich seit fast zwei Jahrzehnten. Auch wenn dem ein immenser Aufwand gegenübersteht, ist der direkte Kundenkontakt angenehm. Zudem lassen sich Erfahrungen und Pflanzen mit Kollegen persönlich austauschen. Zu meiner Freude entwickeln sich zunehmend gut sortierte Pflanzenmärkte, auf denen die Pflanzen im Vordergrund stehen und die auch interessiertes und wissendes Publikum anziehen.

133

Ramonda myconi in voller Blüte zwischen Steinen

RAMONDA
– FELSENTELLER

Die drei Arten umfassende Gattung ist mit den Usambaraveilchen verwandt. Deshalb werden die Felsenteller umgangssprachlich manchmal auch als Freiland-Usambaraveilchen bezeichnet.

Verbreitet sind die drei Arten auf dem Balkan und in den Pyrenäen. Benannt ist die Gattung nach dem französischen Politiker und Botaniker Ramond de Carbonnières (1753–1827), der die Pyrenäenflora erforschte und beschrieb. Felsenteller sind rosettenbildende Stauden, die dicht auf dem Boden aufsitzen. Die wintergrünen Blätter sind behaart und auffällig geadert, wodurch sie runzelig erscheinen. Ihre Blüten zeigen sie im Frühling in blauer, rosa oder weißer Farbe.

IM GARTEN
Felsenteller sind hervorragende Steingartenpflanzen, die jedoch abseits der direkten Sonne wachsen wollen. Sie mögen Mauerritzen oder Felsspalten der sonnenabgewandten Seite, an der sich morgens Tau und Kondenswasser auf den Steinen bildet. Ein humoser, frischer Boden mit einer guten Durchlässigkeit genügt Felsentellern. Die Stauden werden schräg eingepflanzt, damit sich kein Wasser in den Rosetten sammeln kann. In strengen Wintern ist etwas Windschutz ratsam, denn die wintergrünen Rosetten können durchaus unter Frosttrocknis leiden.

VERMEHRUNG
Aus frischen Samen entwickeln sich im Folgejahr Sämlinge, die nur langsam wachsen. Die Aussaat erfolgt mit etwas mehr Abstand. Vegetativ können im Frühsommer Nebenrosetten abgenommen und bewurzelt werden. Blattstecklinge sind im Frühherbst möglich.

Ramonda myconi 'Alba'

Ramonda nathaliae 'Alba'

Ramonda nathaliae

👉 **VERBREITETE ARTEN**

ARTNAME	EIGENSCHAFTEN	WUCHS	BLÜTE	BLÜTEZEIT
P. myconi	in den Pyrenäen heimisch, bildet Rosetten aus elliptischen bis breit-eiförmigen Blättern, recht wüchsig und viele Jahre standorttreu, sobald sie sich am etabliert hat	↕ 10 cm | ↔ 20 cm	blauviolett, rosa weiß	V–VI
P. nathaliae	kleinere Art, die vom Balkan bis nach Nord-Grie-chenland verbreitet ist, Blätter sind auch deutlich kleiner und leicht glänzend; Rosettenpolster tei-len bzw. verjüngen, wenn sie zu dicht werden	↕ 10 cm | ↔ 10 cm	blauviolett, weiß	V–VI
P. serbica	schmalblättrige, blassgrüne Art mit fliederblau-en Blüten vom Balkan, die in der Gartenkultur kaum anzutreffen ist	↕ 10 cm | ↔ 15 cm	fliederblau	V–VI

RANZANIA JAPONICA
– RANZANIE

Die Ranzanie ist selbst in versierten Liebhaberkreisen kaum bekannt. Benannt nach dem japanischen Botaniker Ono Ranzan (1729–1810), ist diese Staude heute eher ein Mythos als in Gärten wirklich auffindbar. Die Gattung besitzt nur diese eine Art.

Ranzania japonica

Aufgrund der Erstbeschreibung wird sie manchmal den nahverwandten Maiäpfeln zugeordnet, obwohl sie von ihrem Wesen eindeutig kein Maiapfel ist. Sie wächst in den Bergwäldern des japanischen Südens. Kurze Rhizome bilden sich im Boden. Bevor der etwa 30 cm hohe Spross ausgebildet wird, erscheinen mit dem Austrieb bodennah die hell malvenfarbigen Blüten. Sie wachsen mit dem Spross nach oben und werden zunehmend heller. Spätfröste sorgen leider häufiger dafür, dass die Blüten erfrieren und eine Samen-

bildung nicht möglich ist. Wenn sich im seltenen Falle doch Samen bilden, reifen sie an langen Stielen in beerenartigen Früchten heran. Die Sprosse besitzen gegenständige Blätter, die aus drei herz- bis eiförmigen Lappen zusammengesetzt sind.

IM GARTEN

Die Ranzanie ist eine reine und wirklich ganz besondere Liebhaberpflanze. Wenn man in die glückliche Lage kommt, sie zu ergattern, sollte man die Vernunft über Bord werfen und jegliche Preisvorstellung vollständig vergessen. Sie entwickelt sich in Gehölz- und Schattengärten, als Unterwuchs größerer Sträucher zu einem zarten Wesen mit einem schönen Blattschmuck. Die Erde sollte laubreich, humos und gleichmäßig feucht beschaffen sein. Die Pflanze wächst sehr langsam, sollte im Winter jedoch gut geschützt werden. Jungwuchs und Blüten benötigen einen wirksamen Schutz vor Spätfrösten, die verheerende Schäden anrichten können. Ähnlich schädigend kann Schneckenfraß am jungen Austrieb sein.

VERMEHRUNG

Die Samenbildung gelingt eher selten, ist aber oftmals die einzige Vermehrungsmethode. Frische Samen werden im Herbst in Töpfe gesät. Erste Sämlinge können sich im Folgejahr bilden. Nur wenige Exemplare schaffen es erfahrungsgemäß zur Jungpflanze, da Sämlinge nach einiger Zeit plötzlich umkippen. Robuste Pflanzen benötigen bis zur Blüte noch vier bis fünf Jahre. Eine Teilung ist theoretisch im zeitigen Frühjahr möglich, nur wächst die Pflanze so langsam, dass eine Teilung meist nicht infrage kommt.

RAOULIA
– SCHAFSTEPPICH

Die immergrünen Stauden oder Halbsträucher, die auf Geröllhalden und offenen Felsstandorten bevorzugt auf der Südhalbkugel wachsen, bilden dichte Matten oder Polster verschiedenartiger Formen, häufig in silberner Farbe. Sie sind als Kissenpflanzen beliebt.

Raoulia australis

Die etwa 20 Schafsteppicharten sind am anderen Ende der Welt, in den Gebirgen Neuseelands, zu Hause.

IM GARTEN
Die kissenbildenden Pflanzen eignen sich bestens für Steingärten, das Alpinum, Kiesbeete oder Trogbepflanzungen. Ideal ist ein ausgeglichenes Klima mit kühlen Sommern und milden Wintern. Je nach Bodenfeuchte vertragen sie Sonne oder lichten Halbschatten. Der Boden sollte sehr gut dräniert sein, jedoch etwas Humusgehalt und eine gleichmäßige Feuchte besitzen. Während des Wachstums benötigen die Pflanzen etwas mehr Feuchtigkeit, wobei die Polster nicht überbraust werden sollten. Das Wässern erfolgt besser um die Pflanzen herum. Im Winter sollten sie etwas geschützt werden, denn Temperaturen von −10 °C können gefährlich werden. Zudem ist eine kleine Überdachung als Nässeschutz sehr zu empfehlen.

VERMEHRUNG
Die Vermehrung erfolgt in erster Linie vegetativ, indem die Polster geteilt oder bewurzelte Sprosse vereinzelt werden. Im Frühsommer lassen sich zudem Rosettenstecklinge abnehmen und im Halbschatten bewurzeln. Während der Bewurzelung ist auf gleichmäßige Feuchtigkeit im Substrat zu achten.

☞ VERBREITETE ARTEN

ARTNAME	EIGENSCHAFTEN	WUCHS	BLÜTE	BLÜTEZEIT
R. australis	kriechend, mattenbildend mit verzweigten und wurzelnden Sprossen, spatelförmige silbrig behaarte Blätter, im Sommer kleine gelbe Blütenköpfe	↕ 1 cm | ↔ 30 cm	gelb	VI–VII
R. hookeri	mattenbildende Staude mit dicht weißbehaarten Blättern, im Sommer erscheinen in einem äußerst kurzen Zeitraum blass- bis strohgelbe Blütenköpfe	↕ 1 cm | ↔ 20 cm	gelb	VI–VII

REHMANNIA
– CHINESISCHER FINGERHUT

Botanisch gesehen sind die acht bis neun Arten der Gattung Rehmannia nur weitläufig mit Fingerhüten verwandt. Sie sind in China heimisch, wo sie in Gehölzformationen oder an steinigen Standorten wachsen.

Rehmannia elata

Die Pflanzen sind perennierend, werden aber teils nur als Zweijährige gehalten. Die Blätter sind verkehrt eiförmig bis länglich und in grundständigen Rosetten angeordnet. Sie entwickeln Blütenschäfte mit endständigen Trauben, deren zweilippige Blüten überaus dekorativ und groß sind.

IM GARTEN

Die Stauden eignen sich hervorragend für Blumen- und Staudenpflanzungen, Gehölzränder, Topf- und Gefäßbepflanzungen. Sie verlangen einen sonnigen bis halbschattigen Standort. Der Untergrund sollte durchlässig, humos und mäßig frisch sein. Eine geschützte Lage ist von Vorteil, denn Kahlfröste und eisige Winde können trotz einer vorhandenen Robustheit Schäden hervorrufen. Starke Winternässe setzt den Pflanzen zusätzlich zu. Eine Folienhaube gibt ihnen Schutz.

VERMEHRUNG

Die Samen werden im späten Winter in Töpfe gesät. Sie laufen für gewöhnlich zuverlässig auf. Bis zur Blühfähigkeit vergeht jedoch mindestens ein Jahr. Ausläufer lassen sich im zeitigen Frühjahr abtrennen. Das Schneiden von Wurzelschnittlingen wird im späten Herbst und die Bewurzelung grundständiger Stecklinge vor der Blüte vorgenommen.

☞ VERBREITETE ARTEN

ARTNAME	EIGENSCHAFTEN	WUCHS	BLÜTE	BLÜTEZEIT
R. elata	bekannteste und am meisten verbreitete Art dieser Gattung, im Winter recht robust, markant gemusterte Blätter, ca. 1 m hohe blütentragende Sprosse, für Beet und Kübel geeignet	↕ 120 cm | ↔ 50 cm	purpurrosa	VI–VII
R. glutinosa	kompakte Art, deutlich seltener als *R. elata* und häufig fälschlich als solche ausgezeichnet, Blätter auffällig geadert, klebrig beim Anfassen und unterseits rötlich überlaufen; röhrige, bis 5 cm lange Blüten in traubenartigen Rispen; Art ist in der Traditionellen Chinesischen Medizin (TCM) fest verwurzelt	↕ 30 cm | ↔ 30 cm	bräunlich-purpurrosa	V–VII

ROSCOEA
– INGWERORCHIDEE

Ingwerorchideen sind Liebhaberpflanzen, die recht wenig Anerkennung und Wertschätzung erhalten. Sie sind benannt nach dem englischen Botaniker und Gründer des Botanischen Gartens in Liverpool, William Roscoe (1753–1831).

Roscoea cauteloides

Die Gattung umfasst etwa 18 Arten perennierender Stauden. Beheimatet sind sie auf Wiesen und bewaldeten Hängen im Himalaja und in China. Ingwerorchideen bilden knollenartige, fleischige Wurzeln. Aus ihnen treiben Sprosse mit schwertförmigen Blättern. An der Spitze entsteht eine zweiseitige Blütenähre, die orchideenartige Blüten trägt.

IM GARTEN

Kühlere Gartenbereiche sind passende Plätze für Ingwerorchideen. Torfbeete, Gehölzränder oder schattige Rabatten eignen sich für die Gartenkultur. Ingwerorchideen, man nennt sie aufgrund der Blütenform auch Scheinorchideen, möchten im Streu- oder Halbschatten wachsen. Ein laubreicher, mäßig humoser Boden mit ausreichender Durchlässig- und Feuchtigkeit bietet sich als Untergrund an. Die knollenartigen Rhizome werden im Frühjahr etwa 15 cm tief eingesetzt. Im Winter ist es ratsam, die Pflanzen mit einer dicken Schicht Nadelreisig oder Tannennadeln zu überhäufen. Zusätzlich schützt eine Folienhaube vor Winternässe. Auf Schneckenfraß und den Gefurchten Dickmaulrüssler ist zu achten.

VERMEHRUNG

Frischer Samen kann nach seiner Ernte in Töpfe oder kalte Kästen ausgesät werden. Größere Exemplare lassen sich im Frühjahr problemlos teilen.

☞ VERBREITETE ARTEN

ARTNAME	EIGENSCHAFTEN	WUCHS	BLÜTE	BLÜTEZEIT
R. alpina	kleinwüchsige Ingwerorchidee aus dem Gebiet von Kaschmir bis Nepal, lanzettlich bis lineal geformten Blätter bilden eine Art Rosette; Sprosse tragen im Sommer dunkelpurpurne Blüten mit einer gelblichgrünen Röhre	↕ 20 cm | ↔ 10 cm	dunkelpurpurn	V–VI
R. cauteloides	hell-schwefelgelb blühende Art von hochgelegenen Gebirgswiesen in Zentralchina, Blätter und Blüten entwickeln sich gleichzeitig	↕ 50 cm | ↔ 15 cm	hellgelb	V–VI
R. purpurea	an den Stängeln befinden sich vier bis fünf sitzende Blätter mit einer endständigen Ähre	↕ 40 cm | ↔ 15 cm	purpurn bis purpurviolett	V–VI

HOCHBEETE & TROGGÄRTEN
— *Gärtnern auf kleinstem Raum*

Tröge und große Schalen galten früher als gärtnerische Alternative für Pflanzenliebhaber ohne Garten. In den letzten Jahrzehnten ist die Gefäßkultur durch ihren Facettenreichtum etwas populärer geworden.

A ls Pflanztrog gelten nicht nur massive und unbewegliche Steintröge, sondern auch größere Tonschalen oder andere Steingefäße. Nicht empfehlenswert sind Holz- oder Kunststoffgefäße, auch wenn sie preiswert und einfach zu beschaffen sind. Alpine Stauden und Raritäten wachsen deutlich langsamer und reagieren gegen Umpflanzen allergisch. Holz kann nach einiger Zeit verrotten, Kunststoff über Jahre den Weichmacher verlieren und aufplatzen. Mehr Flair bieten ausgediente Badewannen, Futtertröge oder Viehtränken. Sie sind gelegentlich im Trödel oder auf Flohmärkten im Angebot.

DIE MATERIALWAHL – VOR- UND NACHTEILE

Massive Steintröge sind die erste Wahl, denn sie sind dauerhaft und trotzen gänzlich dem Frost und Stößen. Ihre Langlebigkeit hat allerdings auch einen Haken, denn einmal aufgestellt, sind sie kaum noch zu bewegen. Steinmetze fertigen auf Wunsch entsprechende Pflanzgefäße an und stellen sie am gewünschten Ort auf. Man sollte bereits im Vorfeld sicherstellen, dass der Steintrog auch langfristig nicht stört und über längere Zeit an seinem Platz stehen kann.

Am Grund des Gefäßes, an tiefster Stelle, befindet sich ein großes Abzugsloch für das Wasser. Um den Abfluss nicht einzuschränken, ist es empfehlenswert, den Trog auf dräniertem Untergrund aufzustellen oder auf Steinen aufzubocken.

Edraianthus pumilio im Steintrog

Steinbrech als Trogbepflanzung

Handlicher sind Schalen oder Keramiktöpfe zu positionieren, da sie sich notfalls mit Unterstützung verrücken lassen. Werden Keramikgefäße verwendet, sollte es sich um frostfeste Keramik handeln. Idealerweise übersteht sie schadlos mehrere Winter. Sie finden ihren Platz an Stellen, an denen man möglichst häufig vorbeikommt: Auf dem Terrassensims, an Treppenaufgängen oder an Sitzplätzen kommen sie daher gut zur Geltung.

TOPFPFLANZEN RICHTIG PFLEGEN

Bei der Kultur in Gefäßen ist der Lebensraum der Pflanzen vom gewachsenen Boden getrennt. Das bedeutet, sie sind abhängig von Wassergaben und Nährstoffen. Die Größe bzw. das Volumen des Trogs entscheidet, wie häufig gegossen werden muss. Je größer das Gefäß, desto mehr wasserspeichernde Erde steht den Pflanzen zur Verfügung.

Kleinere Gefäße trocknen rasch aus und frieren zudem im Winter durch. Frostschutz sichert gleichermaßen Keramik und Bewuchs.

Ein guter Wasserabzug ist bei der Gefäßkultur essentiell. Abzugslöcher im Boden sorgen dafür, dass es zu keiner Staunässe kommt und Luft an das Wurzelwerk vordringen kann. Schotter oder grober Kies sorgt für die Dränage am Grund des Gefäßes. Damit keine Erdpartikel den Abzug verstopfen, empfiehlt es sich, die Dränage mit wasserdurchlässigem Vlies abzudecken. Es wirkt wie ein Filter und verhindert ein Zusetzen des Wasserabzugs. Große Steintröge können mit Steinen ausgekleidet werden, wodurch sie das Erscheinungsbild eines Miniatur-Steingartens annehmen. Das ist bei kleineren Gefäßen aus Platzgründen nicht möglich. Sie werden mit dem entsprechenden Substrat gefüllt und lediglich die Oberfläche wird mit Kies bedeckt.

Mehr Aufwand ist durch das Wässern der Gefäße erforderlich. Sie trocknen durch den begrenzten Wurzelraum schneller aus, insbesondere an sonnigen Lagen. Während Hitzeperioden empfiehlt es sich, kleinere Gefäße an schattigen Stellen zu platzieren und größere Tröge mit Schattiergewebe zu überhängen.

Sanguinaria canadensis var. *longipetala*

SANGUINARIA CANADENSIS
– KANADISCHE BLUTWURZ

Der Name leitet sich vom lateinischen *sanguis* (Blut) ab, was sich auf den scharfen roten Milchsaft bezieht. Sie darf nicht mit der Echten Blutwurz, *Potentilla erecta*, verwechselt werden, denn die Kanadische Blutwurz zählt zu den giftigen Pflanzen.

Die Gattung besteht lediglich aus dieser einen Art. Ihre Heimat sind lichte (Ahorn-)Wälder im östlichen Nordamerika. Die Pflanzen bilden dicht unter der Bodenoberfläche fingerstarke, kriechende Rhizome. Noch bevor sich die grundständigen Blätter vollkommen entfalten können, steht die Blutwurz in voller Blüte. Der Flor erinnert an Waldanemonen. Die Blütenblätter sind weiß und ihre Mitte enthält zahlreiche, orangegelbe Staubblätter. Leider sind sie bei der gewöhnlichen Art nur von kurzer Dauer. Die Blüten sitzen einzeln auf dem Schaft, der zunächst von einem herz-nierenförmig, handförmig gelappten Blatt umgeben ist. Die Blattoberseite ist blass-grün, die Unterseite silbrig überhaucht.

Sanguinaria canadensis

Sanguinaria canadensis f. *multiplex* 'Plena'

IM GARTEN

Kanadische Blutwurze blühen bereits früh und wirken in einer Gruppe sehr auffällig. Die wertvolle Frühlingsstaude eignet sich für Gehölzränder sowie Beete und Rabatten in schattigen Lagen. Etwas Sonne wird toleriert, sofern der Boden ausreichend frisch ist. Die Erde sollte zudem tiefgründig, laubreich, humos und kalkfrei sein. Obwohl anzunehmen ist, dass die Pflanzen wegen ihrer großen Blätter viel Feuchtigkeit benötigen, kommen sie erfahrungsgemäß auf durchlässigen, lockeren Böden besser zurecht. Bei der Pflanzung werden die Rhizome nur knapp unter der Bodenoberfläche eingesetzt. Den Winter überstehen sie meist problemlos. Etwas Schutz und Nährstoffe bietet das Aufbringen einer dünnen Schicht von verrottetem Laubkompost.

VERMEHRUNG

Die gewöhnliche Art bildet Samen aus, die nach ihrer Reife ausgesät werden können und nach drei Jahren erste Blüten zeigen. Beliebter ist das Teilen der Rhizome nach dem Einziehen und dem Wechsel in die Ruhephase.

👉 VERBREITETE ARTEN UND FORMEN

ARTNAME	EIGENSCHAFTEN	WUCHS	BLÜTE	BLÜTEZEIT
S. canadensis f. multiplex 'Plena'	begehrte Liebhaberpflanze mit dicht gefüllten Blüten, die sich in größeren Gruppen zu einem Frühlingsblütentraum verwandeln und länger blühen	↕ 20 cm | ↔ 30 cm	weiß, gefüllt	IV–V
S. canadensis var. longipetala	botanisch ist diese Form, die ich selbst vor einiger Zeit durch Zufall bei einer Sammlerin entdeckt habe, noch nicht dokumentiert; Blütenblätter sind mehr als doppelt so groß wie die der reinen Art und ergeben aufgeblüht einen Blütendurchmesser von fast 8 cm	↕ 20 cm | ↔ 30 cm	weiß	IV–V

Shortia galacifolia

SHORTIA
– WINTERBLATT

Winterblätter, die umgangssprachlich nur kurz Shortien genannt werden, haben ihren Namen zu Ehren des amerikanischen Botanikers Charles W. Short (1794–1863) erhalten.

Die immergrünen Staudenarten der Winterblätter sind bis auf eine Art in Ostasien verbreitet. Unter Liebhabern genießen Shortien einen hohen Stellenwert, denn sie wachsen langsam und sind schwierig zu vermehren. Aus einem Wurzelstock entstehen rundliche bis herzförmige Blätter mit einer ledrigen, glänzenden Textur. Sie färben sich im Herbst teils leuchtend rot ein. Die glocken-, trompeten- oder trichterförmigen Blüten in weißer oder rosa Farbe öffnen sich im Frühjahr. Die Blütenblätter sind gesägt oder stark ausgefranst.

IM GARTEN

Das Winterblatt ist eine attraktive Pflanze für halbschattige Steingärten und kompakte Blumenbeete im Gehölzrand, das Alpinum oder Torfgärten. Am besten gedeihen sie an kühlen frischen Plätzen, idealerweise mit hoher Luftfeuchte. In trockenen, heißen Regionen sind Winterblätter kaum kultivierbar. Sie bevorzugen stark humose, saure Böden, die feucht, aber gut dräniert sind. Im Winter sind die Stauden robust, jedoch können Knospen und das immergrüne Laub bei Kahl- oder Spätfrösten Schaden

Shortia soldanelloides

nehmen. Sofern kein Schnee vorhanden ist, lohnt sich eine lockere luftige Abdeckung. Schneckenfraß im Frühjahr kann den Jungtrieb beschädigen.

VERMEHRUNG

Nach der Blüte können reife Samen abgenommen und in Töpfe ausgesät werden. Die Aussaat darf nicht abtrocknen und muss stetig feucht gehalten werden. Die Pflanzen vertragen keinerlei Wurzelstörungen. Abtrennen lassen sich im Frühjahr lediglich kleinere bewurzelte Ablegerpflanzen, die vereinzelt werden. Im Frühsommer können grundständige Stecklinge genommen und bewurzelt werden. Größere Ausfälle sollten jedoch einkalkuliert werden.

☞ VERBREITETE ARTEN

ARTNAME	EIGENSCHAFTEN	WUCHS	BLÜTE	BLÜTEZEIT
S. galacifolia	gruppenbildende Art aus dem östlichen Nordamerika mit dunkelgrünen, rundlichen, stumpf gesägten Blättern, die sich im Herbst bronzerot färben, im späten Frühjahr weiße Trichterblüten mit rosa Kelchen	↕ 15 cm ⃒ ↔ 25 cm	weiß mit rosa	IV
S. soldanelloides	in Japan heimische Art mit eiförmigen bis rundlichen Blättern, die an ihrer Basis herzförmig eingekerbt sind, schmale trichterförmige Blüten in einem dunklen Rosa mit stark gefransten Kronblättern im späten Frühjahr	↕ 20 cm ⃒ ↔ 25 cm	dunkelrosa	IV
S. uniflora	wüchsigste Shortie, in Japan beheimatet; glänzende hellgrüne, rundlich gesägte Blätter, Blüten erscheinen im Frühjahr zahlreich in Glockenform mit gefransten Kornblättern	↕ 15 cm ⃒ ↔ 20 cm	perlmuttrosa	IV

SOLDANELLA
– ALPENGLÖCKCHEN, TRODDELBLUME

Obwohl die Benennungsgeschichte des Gattungsnamens bis heute nicht zweifelfrei geklärt ist, nimmt vermutlich das lateinische Wort *solidus*, das für die römische Geldmünze steht, auf die festen rundlichen Blätter Bezug.

Die etwa zehn immergrünen Staudenarten sind in den europäischen Gebirgen verbreitet. Sie gehören zu den auffälligen Alpenpflanzen, die mit der Schneeschmelze ihren Flor entwickeln, teils sogar die dünn gewordene Schneedecke durchstoßen. Alpenglöckchen entwickeln ein schräges, kurzes Rhizom, das grundständige, immergrüne, derbe Blättchen in rundlicher Form trägt. Die nickenden Glocken- oder Trichterblüten zeigen

eine rötlich-violette, teils helllila, in seltenen Fällen auch weiße Färbung. Sie stehen einzeln oder in kleinen Dolden. Ihre Kronblätter sind stark ausgefranst, weshalb sie manchmal auch als Fransenglöckchen bezeichnet werden.

IM GARTEN
Sie finden einen geeigneten Platz im absonnigen Steingarten, dem Alpinum oder im halbschatti-

Soldanella alpina

Soldanella minima

gen Gehölzrand. Alpenglöcken sind schöne Frühjahrsblüher, die kurz nach den Schneeglöckchen erblühen. Die hochalpinen Arten sind im Flachland nicht ganz einfach zu kultivieren und kommen selten zur Blüte. Ein heller bis halbschattiger Standort bietet sich an, beispielsweise die Nordseite des Steingartens. In breite Felsfugen wird ein Gemisch aus Nadelkompost, Sand und lockerer Gartenerde eingebracht. Die Bodenreaktion (pH-Wert) ist abhängig von der Herkunft der Art. Mit dem Einsetzen der Blüte benötigen die Pflanzen reichlich Wasser, das gut abfließen können muss und nicht zum Stehen kommen darf. Es ersetzt das natürliche Schmelzwasser und fördert die neue Blattentwicklung, bei der das vorjährige Laub abgestoßen und durch frische Blätter ersetzt wird. Der Jungtrieb ist für Schneckenfraß anfällig. Gerollte Blätter können ein Symptom von Nematodenbefall sein.

Soldanella montana

VERMEHRUNG

Wenn Alpenglöckchen blühen, setzen sie in der Regel auch gut Samen an. Frisches Saatgut wird nach der Ernte ausgesät und über das Jahr hinweg feucht gehalten. Keimlinge sind noch im gleichen Jahr zu beobachten. Große Pflanzen lassen sich im Frühjahr mit dem neuen Austrieb teilen.

☞ VERBREITETE ARTEN

ARTNAME	EIGENSCHAFTEN	WUCHS	BLÜTE	BLÜTEZEIT
S. alpina	Alpen-Troddelblume: kleinwüchsige Art, die oberhalb der Baumgrenze in den Alpen, vereinzelt in den Pyrenäen oder im Balkan auf Kalkböden zu finden ist; entwickelt im Frühjahr violette gefranste Blütenglöckchen	↕ 10–12 cm | ↔ 15 cm	violett	III–IV
S. carpatica	Karpaten-Troddelblume, ähnelt *S. alpina*, wird aber geringfügig größer, bildet an jedem Blütenstiel zwei bis fünf blauviolette Trichterblüten	↕ 15 cm | ↔ 15 cm	blauviolett	III–IV
S. minima	kleinste Troddelblume, Blüten sind tief eingeschnitten	↕ 10 cm | ↔ 10 cm	weiß oder blassblau bis blassviolett	III–IV
S. montana	Wald-Soldanelle oder Berg-Troddelblume, wächst unterhalb der Baumgrenze bis etwa 1 500 m im Schutz von Bäumen, benötigt humosen, kalkfreien Boden, wüchsigste Form im Flachland; bildet rundlich-nierenförmige Blätter mit gekerbten Rand und einer tiefen Stängeleinbuchtung, Blütenglöckchen in kleinen Dolden auf bis zu 20 cm hohen Stielen	↕ 25 cm | ↔ 20 cm	lavendelblau bis violett	II–IV
S. pusilla	hochalpine Art, wächst weit oberhalb der Baumgrenze bis zu 3 000 m auf kalkarmen Böden, bleibt sehr zierlich und entwickelt für ihren kleinen Wuchs vergleichsweise große Blüten	↕ 15 cm | ↔ 10 cm	rosaviolett	III–V

Trillium grandiflorum

TRILLIUM
– WALDLILIE

Die Pflanzen dieser Gattung sind unter Liebhabern begehrt. Der Name leitet sich vom lateinischen Wort *trillix* (dreifädig) ab. Damit wird beschrieben, dass die meisten Pflanzenteile in Dreierkonstellation auftreten: Blätter, Blütenblätter und dreirippige Früchte.

Bei den aus nordamerikanischen Laubwäldern stammenden Pflanzen handelt es sich um langsam wachsende Stauden mit einem kriechenden Rhizom. An aufrechten Stängeln bilden sich drei große Laubblätter als Quirl. Auf ihm entwickeln sich sitzende oder gestielte Blüten in weißer, rotbrauner, roter, gelber oder grünlicher Farbe. Alle 30 Arten sind Frühjahrsblüher.

IM GARTEN
Waldlilien, die auch Dreiblatt oder Dreizipfellilie genannt werden, sind schwachwüchsige Gehölzrand- und Waldpflanzen. Bei der Kultur ist viel Geduld gefragt. Sie entwickeln sich über Jahre auf schattigen Rabatten oder in Waldgärten zu reizvollen und prächtigen Stauden. Ein tiefgründiger, laubreicher und humoser Boden sollte gleichermaßen feucht, durchlässig und kalkfrei sein. Die Erde lässt sich verbessern, indem jährlich im Herbst verrotteter Laubkompost als flache Mulchschicht aufgetragen wird. Einerseits bringt er Nährstoffe und Humus in den Boden, andererseits schützt er vor starken Kahlfrösten. Zwar sind Waldlilien frosthart, jedoch variiert dies je nach Herkunft der jeweiligen Art. Robust sind fast alle Arten aus dem Norden und Osten der USA. Empfindlicher gelten die Arten aus den Südstaaten und den westlichen USA. Für sie empfiehlt sich ein leichter Schutz bei drohenden Kahlfrösten. Im Frühjahr ist der junge Austrieb durch Schneckenfraß gefährdet.

Trillium chloropetalum

Trillum luteum

Trillium albidum

Trillium grandiflorum 'Snowbunting'

Trillium decipiens

VERMEHRUNG

Die Aufzucht und Vervielfältigung durch Samen dauert bis zur ersten Blütenbildung im Schnitt etwa sieben Jahre. Nach der Samenreife wird in Töpfe oder den kalten Kasten ausgesät. Die Aussaaten sollten unbedingt mit einem Vogelschutznetz abgedeckt werden, da Amseln auf Nahrungssuche das junge Grün herausziehen. Blätter bilden sich an den Jungpflanzen in der Regel erst nach zwei Jahren.

Vegetativ ist die Rhizomteilung nach der Blüte oder besser in der Ruhezeit empfohlen. Jedes Teilungsstück sollte wenigstens eine Knospe besitzen. Es gibt weitere Vermehrungsstrategien durch Herausschneiden von Vegetationsknospen und Anritzen der Rhizome, wodurch die Ablegerbildung gefördert werden soll. Erfahrungsgemäß sorgt ein optimaler Standort für den besten Zuwachs und damit ausreichend Teilungspotenzial.

Trillum sulcatum

👉 VERBREITETE ARTEN UND FORMEN

ARTNAME	EIGENSCHAFTEN	WUCHS	BLÜTE	BLÜTEZEIT
T. albidum	im Westen der USA beheimatet; weiß blühend, wird mit teils über 50 cm Wuchshöhe vergleichsweise groß, Blätter blassgrün und hellpurpurn gefleckt, Blüten sitzen auf Blattquirl auf	↕ 50 cm ❘ ↔ 30 cm	weiß	IV–V
T. cuneatum	vielgestaltige Art aus dem Südosten der USA mit blass- oder silbriggrüner Blattzeichnung, Blüten sitzen auf dem Blätterquirl; Art wird häufig mit *T. sessile* und *T. luteum* verwechselt	↕ 30 – 50 cm ❘ ↔ 30 cm	gelb bis kastanienbraun	IV–V
T. grandiflorum	bekannteste Waldlilienart, stammt aus dem Nordosten der USA; die weißen nickenden Blüten verfärben sich in der Regel beim Verblühen rosa; heiß begehrt ist die gefüllte Form 'Snowbunting'	↕ 40 cm ❘ ↔ 30 cm	weiß	IV–V
T. kurabayashii	prächtige Waldlilienart aus den westlichen USA mit großen, leuchtend roten Blüten, entwickeln einen würzigen Geruch (Foto S. 36/37)	↕ 45 cm ❘ ↔ 30 c	leuchtend rot	IV–V
T. luteum	aus dem Südosten der USA, kräftig blassgrün gemusterte Blätter; leicht mit gelbblühenden Typen von *T. cuneatum* zu verwechseln, jedoch identifiziert der Zitronenduft der Blüten diese Art zweifelsfrei	↕ 40 cm ❘ ↔ 30 cm	goldgelb bis bronzegrün	IV–V
T. sessile	gruppenbildende Art mit blassgrünen Blättern, die eine grauweiße bis kastanienbraune Marmorierung aufweisen können; kompakter als andere Arten	↕ 30 cm ❘ ↔ 20 cm	braunrot	IV–V
T. sulcatum	dekorative Art aus Zentral-USA mit glänzend grünen Blättern und einer gestielten, tiefdunkelrotbraunen Blüte	↕ 45 cm ❘ ↔ 30 cm	dunkelrotbraun	IV–V

UVULARIA
– TRAUERGLOCKE, GOLDSIEGEL

Trauerglocken sind wunderschöne Stauden aus dem östlichen Nordamerika.
Die fünf Arten der Gattung bilden kräftige bis kriechende Rhizome, aus denen
blätterumfassende Sprosse mit gelben, hängenden Blütenglocken wachsen.

Uvularia grandiflora

Ihre aparte Erscheinung erinnert etwas an das
Salomonsiegel, das in vielen Gärten eine populäre
Staude ist und gleichermaßen ein wirkungsvoller
Nachbar für *Uvularia* sein kann.

IM GARTEN

Trauerglocken sind wertvolle und dekorative Stauden für Schattenbeete, Gehölzunterpflanzungen,
Torfbeete und halbschattige Rabatten. Volle Sonne ist ihnen nicht genehm. Besser sind sie im Halbschatten oder Schatten aufgehoben. Feuchte Erde
ohne Staunässegefahr mit reichlich Humus sorgt
für gutes Wurzelwachstum. Etwas feuchtere Böden erhalten das Laub länger als trockene Standorte, denn normalerweise ziehen die Schattenstauden
schon im Sommer ein. Der junge Austrieb ist im
Frühjahr für Schneckenfraß anfällig. Auch Mäuse
vergehen sich an den fleischigen Wurzeln.

VERMEHRUNG

Samen lassen sich nach ihrer Reife in Töpfen
aussäen. Sie laufen jedoch nicht gleichmäßig auf.
Erfolgreicher ist die Teilung im zeitigen Frühjahr,
im Zuge des Austriebs oder nach der Blüte. Es
empfiehlt sich jedoch, sie vor einer Teilung erst
längere Zeit am Standort stehen zu lassen.

☞ VERBREITETE ARTEN

ARTNAME	EIGENSCHAFTEN	WUCHS	BLÜTE	BLÜTEZEIT
U. grandiflora	großblumige Art, die im Vergleich zu den ande-ren Arten als gut wüchsig bezeichnet werden kann, mit gelben bis zu 5 cm großen Blütenglo-cken	↕ 75 cm | ↔ 30 cm	buttergelb	IV–V
U. perfoliata	langsam wachsende Art mit zierlichem Wuchs, blaugrünen Blättern und blassgelben Blüten im späten Frühjahr	↕ 60 cm | ↔ 30 cm	blassgelb	V–VI
U. sessiliflora	seltene und kleinwüchsige Trauerglocke mit schmal-lanzettlichen Blättern und hellgelben Blütenglöckchen	↕ 25 cm | ↔ 15 cm	hellgelb	IV–V

VANCOUVERIA
– RÜSSELSTERNCHEN

Die nur drei Arten umfassende Gattung wird oft mit Elfenblumen verwechselt. Benannt wurde sie nach dem englischen Seefahrer George Vancouver.

Vancouveria hexandra

Die Stauden bilden kriechende Rhizome und haben ihre Heimat auf felsigen Hängen und in den Nadelwäldern der westlichen USA. Die grundständigen Blätter sind gefiedert bis doppelt gefiedert und machen einen ledrigen Eindruck. Die Blüten erscheinen von Frühling bis Sommer in Rispen. Sie bestehen aus sechs zurückgeschlagenen Kronblättern und zwölf Kelchblättern.

IM GARTEN

Ihre Ähnlichkeit zu den Elfenblumen lässt sie auch in ihrer Verwendung erkennen. Die aparten Stauden sind zuverlässige Bodendecker für halbschattige Rabatten und Gehölzunterpflanzungen und begrünen sonnenabgewandte Steingärten. Ein frischer, humoser Boden mit hohem Laubanteil bietet beste Entwicklungsmöglichkeiten. Kalte und austrocknende Winde setzen den Pflanzen zu, wie auch der Gefurchte Dickmaulrüssler im Boden.

VERMEHRUNG

Reife Samen können im Sommer geerntet und anschließend in Töpfe ausgesät werden. Einfacher ist jedoch das Teilen größerer Pflanzen im zeitigen Frühjahr.

☞ VERBREITETE ARTEN

ARTNAME	EIGENSCHAFTEN	WUCHS	BLÜTE	BLÜTEZEIT
V. chrysantha	seltener in der Gartenkultur zu finden, entwickelt gefiederte bis doppelt gefiederte Blätter	↕ 30 cm | ↔ 60 cm	gelb	V–VII
V. hexandra	am stärksten verbreitete Art, bildet sommergrüne Sprosse mit grundständigen, zweifach gefiederten Blättern; Blüten erscheinen zahlreich in Rispen ab dem späten Früjahr	↕ 40 cm | ↔ 40 cm	weiß	V–VI

WYETHIA HELIANTHOIDES

Die Pflanzengattung besitzt keine deutsche Bezeichnung. Aus dem Englischen (Mule's ears) übersetzt, könnten die Pflanzen Eselsohren genannt werden.

Wyethia helianthoides

Wyethia findet in der Literatur kaum Erwähnung, obwohl es sich um recht dekorative Pflanzen handelt.

Die Gattung zählt etwa zwölf Arten, die fast alle in den westlichen USA heimisch sind. Bei den Pflanzen handelt es sich um kompakte Stauden, die wie kleine Sonnenblumen wirken. Aus einer kräftigen Pfahlwurzel treiben sie grundständige, lanzettliche Blätter mit einer ausgeprägten Mittelrippe. Die Blüten sind klassische Strahlenblüten, die in Gelbtönen vom späten Frühjahr bis zum Sommer erscheinen.

Wyethia helianthoides ist die einzige Art für Gärten. Sie bleibt kompakt und wird nicht höher als 25 cm und bis zu 40 cm breit. Ihre Strahlenblüten werden mit 8 cm Durchmesser recht groß. Sie sind gelblich-weiß bis hellgelb gefärbt, mit orangefarbenen Staubblättern in der Mitte und zeigen sich im April/Mai.

IM GARTEN

Die Korbblütler eignen sich für Steingärten, kompakte Blumenbeete oder Kies- und Steppengärten. Sie lieben die Sonne, vertragen aber auch Streu- und lichten Halbschatten. Normale Gartenböden mit einer guten Wasserdurchlässigkeit bieten alles, was die Pflanzen benötigen. Im Winter ist etwas Schutz eine gute Empfehlung, denn obwohl die sommergrünen Pflanzen aus der Wurzel austreiben, können Kahlfröste Schäden hinterlassen. Im Sommer können die Blätter in ungünstigen Lagen von Rostpilzen befallen werden.

VERMEHRUNG

Die Aussaat ist die Hauptvermehrungsart, jedoch sollte ausreichend Zeit mitgebracht werden, denn die Pflanzen blühen erst nach fünf bis sechs Jahren zum ersten Mal. Selbst nach anderthalb Jahren sind die Wurzeln nicht länger als 5 cm.

Fritillaria michailovskyi, Kiebitzei

ZWIEBEL- & KNOLLEN-PFLANZEN

— Exotische Schönheiten von Frühling bis Herbst

ALLIUM
– LAUCH

Der botanische Name war die römische Bezeichnung für Knoblauch und wurde von Linné auf die ganze Gattung übertragen. Lauch trifft man auf allen Kontinenten an, mit Ausnahme von Australien.

Die Laucharten bilden unter der Bodenoberfläche Zwiebeln, teils zwiebelartige Rhizome aus. Die für die Gartenkultur wertvollen Blüten sind häufig als kugelförmige oder hängende Scheindolden angeordnet.

PERFEKTE PARTNER

Knollen- und Zwiebelpflanzen lassen sich gut mit flachwüchsigen Stauden kombinieren, die lockere Polster bilden. Der Überwuchs schützt die Zwiebeln während der Ruhephase und verhindert kahle Flecken.

Als klassische Zwiebelpflanzen ist ihre Vegetationszeit begrenzt: Kurz nach dem Verblühen und der Samenbildung gehen sie in die Ruhephase über und hinterlassen eine Lücke im Beet.

IM GARTEN

Obwohl man mit Lauch hauptsächlich Nutzpflanzen verbindet, finden sich in der Gattung zahlreiche Zierpflanzen. Sie begeistern mit schönen und außergewöhnlichen Blüten. Große Arten sind hervorragende Blütenpflanzen für Staudenbeete, Gräser- und Steppenbeete. Kompakt wachsende Arten eignen sich für Steingärten, Geröll-

Allium narcissiflorum

Allium siculum

Allium vineale 'Hair'

beete oder die Bepflanzung von Steintrögen. Die meisten Zierlaucharten lieben die Sonne. Der Boden sollte gut wasserdurchlässig und nicht zu fest sein. Die Pflanzung der Zwiebeln erfolgt in der Regel im Herbst, bevor das Wurzelwachstum beginnt. Gepflanzt wird so tief, dass die Zwiebeln mit doppelt so viel Erde bedeckt sind, wie sie hoch sind.

VERMEHRUNG

Die Vermehrung von Zierlauch durch Samen ist fast immer möglich. Nur dauert es bis zur ersten Blüte häufig mehrere Jahre. Einfacher und schneller ist die Teilung der Zwiebeln zu Beginn der Ruhephase im Früh- oder Hochsommer. Horstbildende Laucharten lassen sich im Frühling zu Beginn des Austriebs teilen.

☞ VERBREITETE ARTEN UND FORMEN

ARTNAME	EIGENSCHAFTEN	WUCHS	BLÜTE	BLÜTEZEIT
A. caeruleum	Flieder-Lauch bereichert wirkungsvoll Blumen- und Staudenpflanzungen sowie Kiesgärten	↕ 60 cm | ↔ 10 cm	fliederblaue Kugelblüten	V–VI
A. narcissiflorum	Narzissen-Lauch ist in Südfrankreich und Westitalien heimisch, die Zwiebel ist rhizomartig genetzt, für Stauden-, Stein- oder Kiesgärten	↕ 30 cm | ↔ 15 cm	purpurrot, nickend	VI–VII
A. oreophilum	Turkestan-Berglauch, kompakter Wuchs, für Gruppen-Pflanzungen oder Steingärten	↕ 20 cm | ↔ 10 cm	metallisch rosapurpurfarben	V–VI
A. siculum	Sizilianischer Honiglauch, wird z. T. als eigene Gattung *Nectaroscordum* geführt	↕ 70 cm | ↔ 20 cm	rosa, Durchmesser bis über 20 cm	V–VI
A. sikkimense	Tibetischer Lauch, zierlicher Wuchs	↕ 25 cm | ↔ 10 cm	purpurfarben bis blau, nickend	V–VI
A. vineale 'Hair'	Weinberg-Lauch gilt als Delikatesse in der Balkanregion; 'Hair' bildet Blütenköpfe mit wirrem, extravagantem Aussehen	↕ 60 cm | ↔ 10 cm	weißgrün	V–VI

Arisaema fargesii

Arisaema ciliatum

ARISAEMA
– FEUERKOLBEN, KOBRALILIE

Feuerkolben, die aufgrund ihrer außergewöhnlichen Blütenform auch als Kobralilien bezeichnet werden, stammen größtenteils aus den Feuchtwäldern des Himalajas, Asiens und Nordamerikas.

TÖPFE IN SENKE PFLANZEN

Werden Knollen- oder Zwiebelpflanzen in Vegetation im kleinen Topf angeboten, sitzen die Wurzelorgane knapp unter der Bodenoberfläche. Diese Tiefe reicht ihnen ausgepflanzt am Standort zumeist nicht aus, denn eine zu geringe Pflanztiefe verstärkt die Frostempfindlichkeit. Da tieferes Einpflanzen im grünen Zustand nicht möglich ist, wird am besten eine kleine Senke am Pflanzort ausgehoben. In diese Senke wird das Pflanzloch hineingraben und die Pflanze hineingesetzt. Die Knolle sollte sich in der Bodentiefe befinden, die sie beansprucht. Das Pflanzloch wird geschlossen, aber die Senke bleibt erhalten. Erst wenn der Spross abstirbt und in die Ruhephase beginnt, wird die Bodensenke geschlossen und die Stelle eingeebnet.

Sie treiben aus Knollen und Rhizomen und weisen fingerteilige oder gefingerte Blätter auf. Die meisten kultivierten Arten haben reizvolle Blüten, die aus einer unverwechselbaren Spatha bestehen. Darin verborgen reifen unscheinbare Blüten zu orangeroten Beeren heran.

IM GARTEN

In unseren Breiten gelten zwölf bis 17 Arten als gartenwürdig und im Freiland kultivierbar. Sie wachsen im Halbschatten und sind ein interessanter Blickfang im Schattenbeet. Sie können auch in großen Töpfen kultiviert werden, sofern diese im Winter sehr gut geschützt werden. Für den Winter empfiehlt sich generell ein guter

Arisaema bockii

Arisamea candidissimum

Schutz aus Nadeln oder Tannenreisig. Der Boden sollte fruchtbar und humos, feucht, aber mit gutem Wasserabzug und nicht kalkhaltig sein. Die Knollen werden im Frühjahr etwa 15 bis 25 cm tief in den Boden eingelassen. Kleinere Brutknollen werden nur wenige Zentimeter mit Erde bedeckt. Im Freiland sind der Austrieb und die Blätter durch Schneckenfraß, die Knollen durch den Gefurchten Dickmaulrüssler gefährdet.

VERMEHRUNG

Die einfachste Vermehrungsmethode ist das Teilen größerer Pflanzen im Spätsommer. Wenn die Pflanzen in ihre Ruhephase wechseln, können Ableger abgenommen werden.

Es lassen sich auch Sämlinge heranziehen, wenn die Früchte reif geerntet und unmittelbar in Töpfen ausgesät werden. In frischen Beeten funktioniert die Selbstaussaat.

☞ VERBREITETE ARTEN

ARTNAME	EIGENSCHAFTEN	WUCHS	BLÜTE	BLÜTEZEIT
A. bockii	aus China, bildet eine sehr dunkle Spatha, die markant gezeichnet ist	↕ 50 cm | ↔ 20 cm	dunkelviolett	V–VI
A. fargesii	in Tibet und dem Himalaja beheimatet, in Gärten häufiger anzutreffende Art mit einer auffälligen Zeichnung der Spatha	↕ 60 cm | ↔ 25 cm	purpur-farben mit weißen Streifen	VI–VII
A. flavum	großes Verbreitungsgebiet in Asien, wirkt im Vergleich zu anderen Arten winzig, blüht erst im Hochsommer mit einer leuchtend gelben Spatha	↕ 40 cm | ↔ 10 cm	gelb	VI–VII
A. serratum (syn. A. japonicum)	aus Japan und Nordost-China, bei uns gut frosthart, aber kaum zu bekommen; besitzt eine behelmte Spatha.	↕ 90 cm | ↔ 30 cm	grünlich	IV–VI
A. triphyllum	Dreiblatt-Feuerkolben stammt aus den Wäldern des östlichen Nordamerikas; ist unempfindlicher als andere Arten und deshalb bei den Liebhabern verbreiteter; die behelmte Spatha kann sowohl grünlich als auch purpurn gefärbt sein	↕ 60 cm | ↔ 20 cm	grün bis purpurn	V–VI

ZWIEBEL- & KNOLLENBEETE
— *Für besondere Ansprüche*

Ein Garten ohne Knollen- und Zwiebelgewächse ist weder Fisch noch Fleisch. Zwiebelpflanzen kommen überall auf der Welt vor. Sie wachsen zwischen Gehölzen, auf Wiesen, in Wäldern und Gebirgen.

In Gärten werden Zwiebel- und Knollenpflanzen wegen ihres auffallenden Blütenflors geschätzt. Obwohl aufgrund vieler Gemeinsamkeiten die Grenze zu den Stauden häufig verschwimmt, werden sie von vielen Liebhabern gesondert behandelt.

RUHEPHASEN

Zwiebelpflanze ist ein häufiger Sammelbegriff für Gewächse mit einem unterirdischen Speicherorgan. Hierzu werden die echten Zwiebeln, Rhizomknollen, Knollen und Rhizome gezählt. Das unterirdische Speicherorgan verhilft der Pflanze, ungünstige Wetterperioden durch eine Ruhephase zu überstehen, beispielsweise den heißen Sommer oder die Winterzeit. Zwiebelpflanzen haben eine kurze, sichtbare Vegetationszeit. Sobald die Blüte vergangen ist und ihr Spross verwelkt, beginnt die Ruhephase. Die Pflanzen erwachen jedoch unsichtbar nach einigen Wochen wieder. Das Wurzelwachstum setzt ein und es reifen neue Blütenknospen heran, die sich im Folgejahr durch einen neuen Spross zeigen.

ZWIEBELN

Sie bestehen aus verdickten Schuppenblättern, die an einem Zwiebelboden ansetzen und außen von einer teils papierartigen Zwiebelhaut umgeben sind. Beispiele: *Leucojum, Narcissus, Tulipa*

RHIZOMKNOLLEN

Der grundständige Teil der Sprosse ist verdickt, besitzt Blattnarben und ist von einer faserigen bis papierartigen Hülle umgeben, die regelmäßig ersetzt wird. Beispiele: *Crocus, Crocosmia, Eranthis, Gladiolus*

Erythronium japonicum

Crocus fleischeri

KNOLLEN

Speicherorgane von Spross- oder Wurzelbereichen zumeist ohne Blattnarben und Hüllen. Beispiele: *Colchicum, Cyclamen, Erythronium*

RHIZOME

Unterirdisch kriechende und verzweigende Sprosse mit einer von Blattnarben gerillten Struktur. Sie variieren von dünn-drahtig bis dick-fleischig. Beispiel: *Convallaria*

MIT ZWIEBELPFLANZEN GESTALTEN

Zwiebelpflanzen lassen sich in Gärten vielfältig einsetzen. Sie finden in Stauden- und Steingärten, Kies- und Geröllbeeten, aber auch am Gehölzrand oder im Schattengarten einen geeigneten Standort. Die meisten Knollen und Zwiebeln lassen sich bedenkenlos in Stauden- und Gehölzpflanzungen integrieren. Berücksichtigen sollte man die verkürzte Vegetationszeit. Sobald sie einziehen, entsteht ein kahler Fleck. Im Zuge der Bodenpflege ist es ratsam, mit einer Markierung

auf die ruhenden Wurzelorgane hinzuweisen. Es ist keine Seltenheit, dass durch die Hacke bei der Unkrautentfernung Knollen und Zwiebeln beschädigt werden. Benötigen die Zwiebeln während der Ruhephase Trockenheit, kann eine umgestülpte flache Schale als Nässeschutz dienen. Die bessere Variante ist jedoch, die Pflanzen in einem Zwiebelkorb oder Gittertopf zu kultivieren. Mit Beginn der Ruhephase werden sie aus dem Beet genommen, trocken eingelagert und später wieder eingesetzt.

DIE RICHTIGE PFLEGE

Um das Ein- und Ausgraben zu umgehen, kann eine getrennte Zwiebelkultur Abhilfe schaffen. In gemischten Pflanzungen machen es die unterschiedlichen Ansprüche und Vegetationseigenschaften schwierig, einen gemeinsamen Nenner in der Pflege von Stauden und Zwiebeln zu finden. Zahlreiche Zwiebelgewächse benötigen während ihrer Ruhephase einen guten Schutz vor Nässe, im Winter manche auch vor starkem Frost. Erfahrene Gärtner kultivieren seltene und anspruchsvolle Zwiebelpflanzen häufig in (Gitter-)Töpfen auf gesonderten Zwiebelbeeten. Dabei handelt es sich oftmals um Frühbeete, die während der Vegetationsruhe abgedeckt werden. Im Untergrund sind sie durch eingearbeitete Gitter vor Mäusen geschützt und bieten durch eine Dränageschicht einen optimalen Wasserabzug. Diese Kulturmethode ermöglicht es, die Ansprüche der Pflanzen bestmöglich zu erfüllen.

CARDIOCRINUM GIGANTEUM
– RIESENLILIE

Die Riesenlilie ist eine bekannte Zwiebelpflanze, die früher zu den Lilien gehörte. Aufgrund ihrer großen Unterschiede haben japanische Botaniker sie jedoch in eine eigene Gattung gestellt.

Der Name kommt aus dem Griechischen und setzt sich aus den Worten *kardia* (Herz) und *krinon* (Lilie) zusammen. So entsteht der Bezug zu den herzförmigen Blättern und den Lilien. Die Gattung umfasst lediglich drei Arten, deren Zwiebeln nach der Blüte absterben. In Kultur befindet sich fast ausschließlich nur *Cardiocrinum giganteum*.

Die aus dem Himalaja stammende Riesenlilie bildet Zwiebeln, die zwischen 10 und 15 cm groß werden. Aus ihnen treiben im Frühjahr große, eirunde, spitz zulaufende Blätter, die am Stängelgrund herzförmig eingebuchtet sind. Erst nach einigen Jahren entwickelt sich ein bis zu 2,5 m hoher Blütenschaft. An ihm sitzen im Frühsommer von Juni bis Juli mitunter 20 trompetenförmige weiße Lilienblüten, die fast 20 cm groß werden können. Blühend sieht die Pflanze spektakulär aus und duftet zudem noch intensiv.

IM GARTEN

Die Riesenlilie ist nicht sonderlich anspruchsvoll. Etwas Halbschatten und frische humose, aber gut durchlässige Erde reichen als Voraussetzungen aus. Eingepflanzt wird sie nur knapp unter der

Cardiocrinum giganteum

Bodenoberfläche, sodass die oberen Schuppen herausschauen. Bei festen Böden ist es ratsam, Dränageschichten unter der Zwiebel einzuarbeiten. Das kann lockerer Schutt oder scharfer Sand sein. In Trockenzeiten sollte regelmäßig gewässert werden. Obwohl sie aus dem Himalaja stammt, sollte die Pflanze im Winter mit Tannenreisig oder trockenem Laub geschützt werden. Empfindlich sind Riesenlilien für Schneckenfraß und den Lilienvirus. Treten Lilienhähnchen auf, sind sie abzusammeln.

GUT DURCH DEN WINTER!

Obwohl bei Pflanzen aus den Hochgebirgen eine gute Frosthärte erwartet wird, können sie diese Erwartung nur selten erfüllen. Eine dicke Schneeschicht schützt die Pflanzen in der Natur vor tiefsten Temperaturen und Erfrierungen. Da Schnee im Flachland zunehmend zur Seltenheit wird, fehlt dieser natürliche Schutz und die Pflanzen sind Frösten unmittelbar ausgesetzt. Dieser Mangel erfordert für viele Hochgebirgspflanzen in der Gartenkultur einen Frostschutz.

VERMEHRUNG

Die Eigenart, nach der Blüte abzusterben, erfordert regelmäßiges Vermehren. Die einfachste Art ist, die Brutzwiebeln nach der Blüte im Herbst abzunehmen und neu zu verpflanzen. Die Pflanzen blühen nach etwa zwei bis drei Jahren. Mehr Ertrag bringen Samen, die im Herbst in tiefe Töpfe ausgesät werden. Jedoch muss man mit mindestens sieben Jahren rechnen, bis die Pflanzen eine blühfähige Größe erreicht haben.

Colchicum cilicicum

COLCHICUM
– HERBSTZEITLOSE

Ihren botanischen Namen verdanken die Herbstzeitlosen der griechischen Landschaft Kolchis, die am Schwarzen Meer gelegen ist. Sie ist die Heimat einiger Arten dieser schönen Knollengewächse, wovon es etwa 50 verschiedene gibt.

Herbstzeitlose blühen ab dem Spätsommer bis in den Herbst hinein. Da die Blüten ohne Laub erscheinen, werden sie in einzelnen Regionen volkstümlich als „Nackte Jungfern" bezeichnet. Blätter und Blüten sind ein Seitenspross, der von der Knollenbasis aus gebildet wird. Mit dem Frühlingserwachen treiben aufrechte Laubsprosse, die bereits im Frühsommer wieder absterben. Herbstzeitlose enthalten das hochgiftige Alkaloid Colchicin. Das macht sie zu Giftpflanzen, wodurch sie leider zu oft ungerechtfertigt auf Ablehnung stoßen.

IM GARTEN
Herbstzeitlose sind faszinierende Gartenpflanzen, die mit einem intensiven Blütenreichtum Farbe in Staudenbeete, Kies- oder Steingärten bringen. Sie sind trotz ihrer Giftigkeit Schönheiten, die in keinem Garten fehlen sollten. Ideal stehen sie zwischen kompakten Stauden oder Gräsern. Ihre kurze Vegetationszeit hinterlässt den ganzen Sommer eine kahle Stelle, die mit einem lockeren Bodendecker überpflanzt werden kann. Ein tiefgründiger, nahrhafter und frischer Boden in sonniger Lage

Colchicum agrippinum

Colchicum 'Waterlily'

reicht für ein gesundes Wachstum. Leichter Streuschatten ist ebenfalls unproblematisch, zu dunkle Bereiche sollten aber vermieden werden.

Die Knollen werden Anfang August je nach Größe 10 bis 20 cm tief in den Boden gesetzt. Es empfiehlt sich, die Herbstzeitlosen in Gruppen zu pflanzen. So wirken sie während der Blüte prächtiger.

Laub und Blüten können von Schnecken zerfressen werden. In feuchten Jahren ist ein Befall von Grauschimmel *(Botrytis)* möglich.

VERMEHRUNG

Vermehrt oder umgepflanzt wird im Hochsommer, nachdem der Spross abgestorben ist und sich die Knollen in der Ruhephase befinden. Bei der Teilung werden Brutknollen abgenommen. Bis auf die gefüllten Formen können Herbstzeitlose durch Samen vervielfältigt werden, der direkt nach der Ernte in kalte Kästen ausgesät wird. Bis zur Blüte vergehen einige Jahre. Bei den Vermehrungsabeiten sollten vorsichtshalber Handschuhe getragen werden.

☞ VERBREITETE ARTEN UND FORMEN

ARTNAME	EIGENSCHAFTEN	WUCHS	BLÜTE	BLÜTEZEIT
C. agrippinum	Schachbrett-Herbstzeitlose, in Kleinasien heimisch, rosavioletten Blüten mit ausgeprägtem Schachbrettmuster im Herbst	↕ 10 cm | ↔ 8 cm	rosa-violett	IX–X
C. cilicicum	Zilische Zeitlose stammt aus der Türkei, Syrien und dem Libanon; wächst kompakt, ihre purpurrosa Blüten sind trichterförmig und an den Spitzen meist dunkler gefärbt	↕ 10 cm | ↔ 8 cm	purpur-rosa	IX–X
C. tenorei	straff aufrecht blühende Art mit weit geöffneten hellvioletten Blüten	↕ 25 cm | ↔ 25 cm	hellviolett	IX
C. 'Waterlily'	Seerosen-Herbstzeitlose mit dicht gefüllten Blüten, erinnern an die beliebten Wasserpflanzen, Blüten sind jedoch relativ schwer und kippen schnell um, es empfiehlt sich ein Bodendecker als Überpflanzung, der die Blüten etwas stabilisiert und den Seerosen-Effekt verstärkt	↕ 25 cm | ↔ 10 cm	purpur-rosa gefüllt	IX–X

Corydalis flexuosa

CORYDALIS
– LERCHENSPORN

Aus dem Griechischen übersetzt heißt *Corydalis* Schopf- oder Haubenlerche. Der Sporn der Blüten soll an den Federbusch dieser Vogelart erinnern.

Die Gattung umfasst etwa 300 ein-, zwei- und mehrjährige Arten, die meist knollen- und rhizombildend, sommergrün, seltener immergrün sind. Sie sind weit verbreitet, zum großen Teil im nordöstlichen und zentralen Asien bis hin ins Mittelmeergebiet. Einige lassen sich in Mitteleuropa an bewaldeten Naturstandorten finden. Sie bilden mehrfach geteiltes Laub mit einem zuweilen farnartigen Erscheinungsbild. Die Blüten erscheinen artenabhängig von Frühjahr bis Sommer in Trauben, die endständig oder mit den Blättern wechselständig angeordnet sind und einen hohen Zierwert besitzen.

IM GARTEN
Über Lerchensporne sind Pflanzenliebhaber geteilter Meinung. Die einen betrachten sie als ausufernde Plage, andere schätzen sie als farbenfrohe Frühjahrsblüher. Sie eignen sich für Schattengärten, Gehölzunterpflanzungen, schattige Bereiche im Steingarten oder Mauern. Sie lieben frischen humosen Boden ohne Staunässegefährdung.

VERMEHRUNG

In der Regel muss nichts weiter zur Vermehrung getan werden, denn die meisten Arten sind von wüchsiger Natur. Sie versamen sich häufig selbst oder können ebenso gezielt nach ihrer Reife in Töpfe ausgesät werden. Größere Exemplare lassen sich nach dem Einziehen im Sommer oder Herbst durch Abnehmen von Knollen oder Teilen der Rhizome vermehren.

Corydalis schanginii

Corydalis cheilanthifolia

☞ VERBREITETE ARTEN

ARTNAME	EIGENSCHAFTEN	WUCHS	BLÜTE	BLÜTEZEIT
C. cheilanthifolia	Farnblättriger Lerchensporn, aus China, entwickelt einen wunderschönen Blattschmuck aus farnartig gefiederten Blättern in bräunlichem Grün, Blüten in aufrechten dichten Trauben	↕ 30 cm | ↔ 40 cm	gelb	III–V
C. flexuosa	Blauer Lerchensporn, aus der chinesischen Provinz Sezuan, bildet kleine faserige Wurzelstöcke, aus denen ein aufrechter Spross aus zweifach dreifingrigen mittelgrünen Blättern wächst. Die leuchtend blaue Blüte ist das zierende Merkmal dieser Art, der Blütenschlund ist häufig weiß oder hellblau gefärbt	↕ 30 cm | ↔ 20 cm	leuchtend blau	V–VI
C. schanginii	langsamwüchsig, in Kasachstan beheimatet, blüht im Frühjahr mit rosagelben Blüte und einer dunkelbraunen Spitze; aufgrund des zögerlichen Wachstums sollte diesem Lerchensporn ein Platz im Alpinum eingeräumt werden	↕ 15 cm | ↔ 5 cm	gelb mit rosa	II–IV
C. solida	Gefingerter Lerchensporn mit zwei- bis dreifach dreifingrigen Blättern von blass- bis graugrüner Farbe	↕ 20 cm | ↔ 20 cm	rosa bis rot	III–IV

DRACUNCULUS VULGARIS
– GEWÖHNLICHE DRACHENWURZ

Drachenwurze sind sehr außergewöhnliche Pflanzen. Die Gattung umfasst lediglich zwei Arten, die an brachen, felsigen Berghängen im Mittelmeergebiet und auf den Kanaren vorkommen.

In den Gärten wird hauptsächlich die Gewöhnliche Drachenwurz *(Dracunculus vulgaris)* angebaut, die zugleich als Schlangenwurz bezeichnet wird. Diese Art ist in Mitteleuropa mit etwas Frostschutz problemlos in Gärten zu halten. Aus den Knollen treiben schildförmige, zuweilen weiß punktierte Blätter. Die faszinierende Blüte entfaltet sich aus einem spitzen Trieb ab Mitte Juni. Es bildet sich eine große, purpur- bis kastanienrotbraune Spatha (Blütenscheide) aus der eine aufrechte, bis zu 1 m lange Spadix (Blütenkolben) heraussticht. Die Gewöhnliche Drachenwurz wird bis zu 1,25 m hoch und 60 cm breit.

IM GARTEN

Die Knollen werden im Frühjahr oder Herbst etwa 15 cm tief in humose, feuchte Erde mit gutem Wasserabzug gepflanzt. Magere Böden sollten durch regelmäßige Kompostgaben verbessert werden. Sobald die Pflanzen im Sommer einziehen und der Spross abstirbt, ist der Boden etwas trockner zu halten. Die Drachenwurz bevorzugt sonnige Plätze, ist aber auch mit Halbschatten einverstanden.
Im Winter empfiehlt sich eine Abdeckung mit Reisig, Nadeln oder trocknem Laub, wobei ältere Exemplare auch ohne Schutz sehr robust sind.

VERMEHRUNG

Die einfachste Vermehrungsart ist das Abnehmen von Ablegern im zeitigen Frühjahr oder Herbst. Kleinere Knollen werden nicht ganz so tief eingesetzt, damit sie es nicht so schwer haben, bis an die Oberfläche vorzudringen.

Dracunculus vulgaris

Erythronium americanum

Erythronium revolutum

ERYTHRONIUM
– HUNDSZAHNLILIE

Hundszahnlilien lassen sich als zauberhafte Frühlingsblüher beschreiben. Bis auf eine europäische Art stammen sie vorrangig aus Nordamerika. Bekannt ist die Gattung auch als Hundszahn oder Zahnlilie.

Sie bilden im Untergrund Zwiebeln bzw. zwiebelartige längliche Knollen, die an den Reißzahn eines Hundegebisses erinnern. Im Frühjahr treiben zwei gegenständige, längliche bis breitlanzettliche Blätter aus, die je nach Art eine dekorative Zeichnung besitzen. Die Blüten sitzen einzeln oder zusammengesetzt in losen Trauben auf den Stielen. Ihre Kronblätter sind weit zurückgeschlagen, wie es auch bei Alpenveilchen üblich ist. Nach der Blüte ziehen die Pflanzen rasch ein und ruhen bis zum nächsten Frühjahr.

IM GARTEN

Bevor die Bäume und Sträucher ihr Blätterkleid ausbilden, erfreuen Hundszahnlilien mit ihrem frühlingshaften Charme Schattenbeete und Gehölzgärten. Mit ihren gefleckten Blättern sind sie ein dekorativer Blattschmuck. Gepflanzt wird spätestens im August, denn das Wurzelwachstum beginnt bereits im Spätsommer. Je nach Zwiebelgröße werden sie 5 bis maximal 20 cm tief eingepflanzt. Es kann Jahre dauern, bis sich die Pflanzen an ihrem Standort eingewöhnt haben. Zahnlilien wünschen einen halbschattigen Platz unter Laubsträuchern oder Bäumen. Der Boden sollte durchlässig und im Frühjahr frisch und humos mit Laubanreicherung sein. Sobald sich die Pflanzen im Frühsommer in die Ruhephase verabschieden, benötigen sie weniger Bodenfeuchte.

VERMEHRUNG

Alle Arten lassen sich durch frisches Saatgut vermehren. Die Aussaat erfolgt nach Samenreife in Töpfe bzw. in den kalten Kasten. Während des

Erythronium sibiricum

Erythronium hendersonii

Sommers ist darauf zu achten, dass die Erde nicht austrocknet. Die Aufzucht bis zur blühfähigen Pflanze kann viele Jahre dauern. Eine Teilung ist Anfang August möglich. Gruppen werden ausgegraben und Nebenzwiebeln abgenommen. Kurzzeitig können sie gelagert werden, dürfen jedoch nicht austrocknen. Es ist ratsam, sie in feuchtem Sand oder Moos einzuschlagen.

☞ VERBREITETE ARTEN UND FORMEN

ARTNAME	EIGENSCHAFTEN	WUCHS	BLÜTE	BLÜTEZEIT
E. americanum	im Südosten der USA heimisch, bildet ausläufertreibende Zwiebeln, Blüten besitzen weit heraustretende orangerote Staubgefäße	↕ 20 cm | ↔ 10 cm	gelb	III–IV
E. dens-canis	einzige in Europa heimische Hundszahnart, wächst in den südlichen Alpen auf buschigen Abhängen, bleibt kompakt, bildet stark gemustertes Laub, schöne weißen Auslesen 'Snowflake' und 'Niveum'	↕ 15 cm | ↔ 10 cm	rosa bis rosaviolett bzw. weiß	III–IV
E. grandiflorum	Großblütiger Hundszahn, in den westlichen Laubwäldern Nordamerikas beheimatet, wächst bei uns nur zögerlich	↕ 25 cm | ↔ 10 cm	zitronengelb	III–IV
E. revolutum	Rosa Hundszahn, wunderschöne Art mit weit zurückgeschlagenen Blütenblättern, wodurch die orangefarbenen Staubgefäße hervortreten; Laub ist markant weißlich gezeichnet; wächst äußerst langsam und ist vermehrungsträge	↕ 30 cm | ↔ 10 cm	rosa	IV–V
E. sibiricum	schwachwüchsige Art mit großen hellen Blüten, die von Ostsibirien bis nach China zu finden ist	↕ 15 cm | ↔ 10 cm	hellrosa	III–IV
E. umbilicatum	kompakter Wuchs, gemustertes Laub	↕ 20 cm | ↔ 10 cm	gelb	III–IV

FRITILLARIA
– SCHACHBLUME

Die botanische Bezeichnung stammt vom lateinischen Wort *fritillus*, das übersetzt Würfelbecher bedeutet und Bezug auf die Blütenform, möglicherweise auf das Schachbrettmuster nimmt.

Schachblumen, auch Kaiserkronen *(Fritillaria imperialis)* genannt, sind mittlere bis große Zwiebelgewächse. Aus ihren Wurzelorganen treiben sie beblätterte Stängel, die mit hängenden oder nickenden Blütenglocken besetzt sind.

IM GARTEN

Schachblumen sind hübsche Frühjahrsblüher für Blumenrabatten, Stauden- und Steppengärten. Heikle Arten eignen sich für das Alpinenhaus oder den geschützten Zwiebelkasten. Während Kaiserkronen *(Fritillaria imperialis)* nahrhafte und gewöhnliche Schachbrettblumen *(Fritillaria meleagris)* feuchte Böden suchen, benötigen die

selteneren Arten eher durchlässige Erde, da sie oftmals äußerst nässeempfindlich sind. Das Substrat sollte trotz seiner lockeren, kiesigen Beschaffenheit nicht zu mager sein. Volle Sonne oder helle Plätze werden von den Zwiebelpflanzen gern angenommen.

VERMEHRUNG

Zur Vermehrung werden die Samen abgenommen und spätestens im Herbst in Töpfe ausgesät. Kleine Arten sollten nach der Keimung noch zwei weitere Jahre in Töpfen weiterkultiviert werden. Das Abnehmen von Tochterzwiebeln ist im späten Sommer möglich.

Fritillaria chirulosa

Fritillaria messanensis

Fritillaria persica

Fritillaria pallidiflora

☞ VERBREITETE ARTEN

ARTNAME	EIGENSCHAFTEN	WUCHS	BLÜTE	BLÜTEZEIT
F. messanensis	kompakte Schachblume aus dem Mittelmeerraum mit gegenständigen, blassgrünen Blättern, relativ robust, kann im Steingarten kultiviert werden	↕ 25 cm | ↔ 10 cm	grünlich, braunpurpurn überzogen	IV–V
F. michailovskyi	Kiebitzei verdankt seine Bezeichnung den braunen Blüten mit den gelben Blütenrändern, für den Steingarten geeignet, während der Ruhephase nicht gießen! (Foto S. 154/155)	↕ 25 cm | ↔ 10 cm	braunpurpurn mit gelb	IV–V
F. pallidiflora	Blassgelbe Schachblume, robust, im Frühling entwickeln sich am Ende der Stiele mit den gegenständigen Blättern blassgelbe Blütenglocken	↕ 40 cm | ↔ 15 cm	hellgelb	IV–V
F. persica	Persische Kaiserkrone, hochwüchsige Art, große Blütentrauben verleihen Staudengärten und Frühlingsrabatten etwas Besonderes	↕ 100 cm | ↔ 20 cm	dunkelviolett	IV–V
F. pyrenaica	Pyrenäen-Schachblume treibt an ihren Stielen wechselständige, blassgrüne Blätter; im Spätfrühjahr Blüten mit ausgeprägtem Schachbrettmuster	↕ 25 cm | ↔ 8 cm	bräunlich-purpurn	IV–V
F. stenanthera	aus Usbekistan, unterstes Blattpaar ist grundständig und von lanzettlicher Form, Folgeblätter sind wechselständig angeordnet; schmale, glockenförmige Blüten mit dunkler Mitte; in der Ruhephase dürfen sie nicht gewässert werden!	↕ 20 cm | ↔ 8 cm	rosa	III–IV

PASSION FÜR DAS AUSSERGEWÖHNLICHE
— *Horst Bäuerlein*

Horst Bäuerlein betreibt gemeinsam mit seiner Frau Ingrid südlich von Regensburg die „Grüne Stube" mit einem ausgefallenen Pflanzensortiment.

Mutterpflanzenquartier als Testgelände

Ihre Gärtnerei mit den wundervollen Schaupflanzungen ist beeindruckend und zeugt von einer großen Passion. Das muss eine besondere Vorgeschichte haben?

1976 erwarb ich bei einem Ferienjob in einer Gärtnerei meine ersten Kakteen. Es war bereits damals spannend, Pflanzen zu kultivieren, die kaum jemand kennt oder hat. Mit dem richtigen Virus des Pflanzensammelns habe ich mich während meiner Lehre als Baumschulgärtner angesteckt. Die Schwerpunkte haben sich im Laufe der Zeit von Gehölzen, über Alpine und Zwiebelpflanzen, weiter zu Päonien und Schattenstauden immer wieder leicht verändert. Unverändert sind der Reiz und die Begeisterung für echte und ursprüngliche Arten geblieben, die noch heute an Naturstandorten anzutreffen sind.

Aber Sorten und Züchtungen schließen Sie nicht aus, denn ich entdecke auch zahlreiche Sortennamen in Ihrem Sortiment?

Eine Selektion oder Kreuzung schließe ich natürlich nicht aus, wenn mich die Pflanze von ihrer Erscheinung her in ihren Bann zieht. Schneeglöckchen sind beispielsweise der jüngste

„Erst wenn sich Neuheiten bei uns im Freiland behaupten, empfehlen wir sie unseren Kunden weiter.“

Schattenstauden überdacht im Senkbeet

Spleen meiner Sammelei, den auch mittlerweile meine Frau Ingrid teilt. Auf einer Gartenreise durch England im Jahr 2008 verliebte ich mich in die zauberhaften Frühjahrsblüher und jedes Jahr kommen neue hinzu. Dass Schneeglöckchen immer beliebter werden, zeigt auch die große Resonanz an unseren Schneeglöckchentagen.

Ihre Gärtnerei hinterlässt einen außerordentlich guten Eindruck. Hervorzuheben sind die zahlreichen Schaupflanzungen, die Lust aufs Gärtnern machen. Handelt es sich dabei um Ihre Mutterpflanzen?

Nachdem wir vor knapp fünf Jahren an den neuen Standort umgezogen sind, haben wir großflächige Schauflächen angelegt. Sie dienen einerseits als Mutterpflanzenbestand, andererseits probieren wir alle neuen Errungenschaften selbst aus und sichten sie. Oftmals erhalten wir Neuheiten schon vor der offiziellen Markteinführung, um sie testen zu können. Erst wenn sie sich bei uns im Freiland behaupten, empfehlen wir sie unseren Kunden weiter.

Das klingt nach viel Aufwand und nicht nach dem typischen Gärtnergeschäft.

Ich sehe die Entwicklung im Umgang mit der Ware Pflanze momentan sehr kritisch. Nachdem viele Pflanzenverwender Alternativen zu Saison- und Sommerblumen suchen, sind Stauden in den Fokus der industriellen Gärtnerproduktion gerückt. Blühende Sommerstauden zu Ostern oder riesige Solitärtöpfe als schnell hochgezogene Mas-

senware gehören bedauerlicherweise zum Alltag im Fachhandel. Statt Liebe und Respekt für Natur und Pflanze zu erzeugen, ist ein Rennen um Rendite und Umschlag zu Lasten der Nachhaltigkeit, Robustheit und Vielfalt entbrannt.

In diesem Punkt finden Sie meine volle Zustimmung. Abgesehen davon gibt es andere kritische Entwicklungen, beispielsweise den Klimawandel. Was meinen Sie, wie kann man die Bevölkerung für gärtnerische Themen sensibilisieren?

Der Klimawandel ist für viele noch kein großes Thema, denn solange das Wasser günstig aus dem Schlauch läuft, gibt es wenig Handlungsbedarf. Auf meinen Märkten, aber auch bei Vorträgen und Workshops bei Vereinen versuchen wir, diese Themen anzusprechen und beratend Verständnis aufzubauen. Es ist unumstritten ein langwieriges Unterfangen, aber große Dinge beginnen meist im Kleinen. Lokal sind wir im Naturschutz aktiv. Seitdem wir uns mehr darauf besinnen, mit der Natur und ihren natürlichen Pflanzengesellschaften zu arbeiten, gelingen viele Dinge besser als vorher im geschützten Raritätenkabinett.

Galanthus woronowii

GALANTHUS
– SCHNEEGLÖCKCHEN

Um Schneeglöckchen ist in den letzten Jahren ein regelrechter Hype entbrannt. Die kleinen Zwiebelpflanzen zählen zu den ersten Frühjahrs-blühern und durchbrechen zum Ende des Winters die Schneedecke.

Die knapp 20 Arten sind von Europa bis nach Asien verbreitet und wachsen in Waldgebieten oder Felsformationen der Gebirge. Aus jeder kugel- bis eiförmigen Zwiebel treiben zwei bis drei rie-menförmige Blätter und eine einzige hängende Blüte an einem gebogenen Blütenstiel. Die glo-ckenförmigen Blüten bestehen aus drei inneren, häufig leicht grün gefärbten, und drei äußeren, abstehenden Blütenblättern in weißer Farbe.

IM GARTEN
Viele Schneeglöckchen sind wüchsig und unkom-pliziert. Sie eignen sich für Gärten oder auch zum Auswildern. Sie wachsen im Streu- oder Halb-

schatten, in feuchter humoser Erde, die auch im Sommer nicht unbedingt austrocknen sollte. Seltene oder wuchsschwache Formen sind besser im Alpinenhaus oder im Zwiebelkasten zu halten.

VERMEHRUNG
Sobald die Samen reif sind, werden sie in Töpfen oder im kalten Kasten ausgesät. Dabei ist zu be-rücksichtigen, dass die Zwiebelpflanzen leicht hybridisieren und sich untereinander wild kreuzen. Aus diesem Verhalten heraus ist eine Flut an Sorten und Auslesen entstanden, die ihnen heute einen Kultstatus einräumt. Um Arten durch Samen sauber zu vermehren, empfiehlt sich das händische

Galanthus 'Godfrey Owen'

Bestäuben mit dem Pinsel. Um Fremdbestäubung auszuschließen, sind die Pflanzen mit Gaze zu schützen. Sollen Schneeglöckensorten vermehrt werden, bleibt nur die vegetative Vermehrung durch das Abnehmen von Tochterzwiebeln. Die Teilung erfolgt, wenn die Blätter abwelken und die Ruhephase einsetzt.

Galanthus 'Hippolyta'

☞ VERBREITETE ARTEN UND FORMEN

ARTNAME	EIGENSCHAFTEN	WUCHS	BLÜTE	BLÜTEZEIT
G. elwesii	Großblütiges Schneeglöckchen aus Kleinasien mit großen breiten Blättern, Blüten duften leicht nach Honig	↕ 25 cm | ↔ 10 cm	weiß	II–III
G. 'Dionysus'	typischer Hybrid (Eltern unbekannt, Fund 1967 in einem englischen Garten), bei dem die inneren Blütenblätter leuchtend grün gefärbt sind, äußere Blütenblätter sind weit abgespreizt	↕ 15 cm | ↔ 8 cm	weiß	II–III
G. woronowii	größere Art aus dem Kaukasus und der nördlichen Türkei; innere Blütenblätter der nickenden Blüten sind grün gezeichnet	↕ 15 cm | ↔ 10 cm	weiß	II–III

GLADIOLUS
– SIEGWURZ

Gladiolen sind alte und beliebte Gartenpflanzen. Gilt der erste Gedanke den frostempfindlichen großblumigen Knollen, sind für Sammler die kleinblumigen frostharten Siegwurze von größerem Interesse.

Ihr Name leitet sich vom lateinischen Wort *gladius*, zu Deutsch „Schwert" ab, womit die Blattform beschrieben wird. Gladiolen sind im südlichen Afrika, aber auch in Westasien, im Mittelmeergebiet und sogar hier bei uns in Mitteleuropa heimisch. Die Arten aus den gemäßig-ten Breiten sind mit etwas Schutz auch für die Gartenkultur zu empfehlen. Sie bilden (Rhizom-)Knollen mit einer faserigen Schale. Aus ihnen treiben ein oder wenige aufrechte Stängel mit sitzenden Blättern und einer langen Blütenähre.

Gladiolus communis

Gladiolus communis ssp. *byzantinus*

IM GARTEN

Die wintertoleranten und hierzulande frostharten Siegwurze sind dekorative Knollengewächse
für Blumenbeete, Rabatten und Steingärten. Sie
lassen sich ebenfalls für Kies- und Steppengärten
in Kombination mit Gräsern pflanzen. Sie lieben
sonnige Plätze und einen guten Wasserabzug im
Boden.

VERMEHRUNG

Fühlen sich Siegwurze an ihrem Standort
wohl, versamen sie sich selbst. Reifes Saatgut
der frostharten Arten kann nach ihrer Ernte
ausgesat werden. Die etwas empfindlicheren
Siegwurze werden erst im Folgefrühjahr gesät.
Das Abnehmen von jungen Rhizomknollen ist
während der Ruhephase möglich.

☞ VERBREITETE ARTEN

ARTNAME	EIGENSCHAFTEN	WUCHS	BLÜTE	BLÜTEZEIT
G. communis	heimisch in Südeuropa; bildet kleine Rhizomknollen, wodurch sie sich willig vermehrt	↕ 60 cm (bis zu 80 cm) | ↔ 10 cm	intensiv purpurrot	V–VI
G. communis ssp. byzantinus	Wiesen-Siegwurz, bildet magenta-rote Blüten mit einem blassen Lippenfleck	↕ 75 cm | ↔ 10 cm	magentarot	V–VI

Lilium formosanum

LILIUM
– LILIE

Das Verbreitungsgebiet der Lilien ist riesig. Etwa 100 verschiedene Arten, vorrangig aus Waldformationen Europas, Asiens und Nordamerikas, gehören zu den Zwiebelgewächsen.

Ihre Wurzelorgane sind sehr variabel beschaffen und geformt. Sie bilden aufrechte, meist unverzweigte Stängel mit elliptischen bis linealen Blättern. Die Blüten lassen sich in ihrer Form in schüssel-, turban-, trompeten- und trichterförmig einstufen. Die größte Vielfalt ist unter den Hybriden zu finden, die sich wiederum in neun Klassen, nach ihrer Herkunft bzw. Abstammung unterteilen lassen. Für Sammler sind jedoch weniger die Hybride als die reinen Wildarten von Interesse.

IM GARTEN

Lilien sind wertvolle Gartenpflanzen. Größere Arten eignen sich für Blumengärten, Gräser- und Staudengärten, aber auch für Geröllbeete oder Gehölzränder. Kleinere Arten sind für Steingärten oder teils sogar für das Alpinum interessant. Die Zwiebelgewächse mögen Sonne, tolerieren aber auch Halbschatten. Mit Humus oder fruchtbarem Kompost angereicherter Boden verspricht eine gute Basis. Staunässe darf jedoch nicht auftreten, denn die Zwiebeln wür-

Lilium hansonii

Lilium martagon

den zu faulen beginnen. Schwere Böden sind durch das Einmischen von grobem Sand oder Kies aufzubessern. Gepflanzt werden die Zwiebeln im Herbst in einer Tiefe, die dreimal ihrer Höhe entspricht. Der Abstand zur nächsten Zwiebel sollte ebenfalls dem Dreifachen ihrer Breite entsprechen. Wildlilien sind in der Regel robust und frosthart, jedoch können Spätfröste den jungen Austrieb schädigen.

Aus Pflanzenschutzsicht gibt es einige Gegner, die es dem Gärtner nicht leicht machen. Allen voran Lilienhähnchen, gefolgt von Blattläusen, Bodenpilzen, Schnecken, Thripsen, Wühlmäusen oder Kaninchen, die sich zum Problem entwickeln können.

VERMEHRUNG
Fast alle (frostharten) Arten lassen sich durch Samen vermehren. Diese werden bei Reife im Herbst ausgesät. Wenn das Laub abgestorben ist, können Ableger, Schuppenblätter oder Zwiebelbrut abgenommen werden.

Lilium pyrenaicum

Lilium formosanum var. *pricei*

 **VERBREITETE FROSTHARTE ARTEN**

ARTNAME	EIGENSCHAFTEN	WUCHS	BLÜTE	BLÜTEZEIT
L. formosanum	elegant wirkende Art aus Ostasien; lange, schmale Trompetenblüten, seltener ist die Zwergform *L. formosanum* var. *pricei* aus dem Himalaja, die maximal 30 cm hoch wird und ins Alpinum passt	↕ 150 cm | ↔ 30 cm	weiß	VIII–IX
L. hansonii	Hansons-Lilie, von Ostsibirien bis nach Korea verbreitet, wüchsig, unempfindlich, sehr dekorativ; setzt hierzulande keine Samen an, weshalb sie nur vegetativ vermehrt werden kann	↕ 120 cm | ↔ 25 cm	safrangelb, rot punktiert	VI–VII
L. martagon	Türkenbundlilie, variable Blütenfarbe, pflegeleicht, Blätter stehen in Wirteln, bis zu 50 Blüten im Sommer an einer einzelnen, schmalen Traube	↕ 120 cm | ↔ 30 cm	rosa bis dunkelpurpurn	VII–VIII
L. pumilum	Lack- oder Korallenlilie, von Zentral- bis Ostasien heimisch; die knalligen Blütenblätter sind auffällig zurückgeschlagen, sodass die Staubblätter stark hervortreten	↕ 40 cm | ↔ 20 cm	korallenrot	V–VI
L. pyrenaicum	stammwurzelnde Lilienart aus den Pyrenäen mit grünlichgelben Blüten, kastanienbrauner Punktierung und leuchtenden Staubgefäßen	↕ 90 cm | ↔ 30 cm	gelb mit purpurnen Flecken	V–VI

RHODOHYPOXIS
– GRASSTERN, MAGENTASTERN

Grassterne, sind gruppenbildende Stauden, deren verdickte Wurzelstöcke
an Knollen erinnern. Sie wachsen auf offenen Wiesen oder in ausgetrockneten
Flussbetten im südlichen und südöstlichen Afrika.

Die Grundblätter sind schmal lanzettlich bis
grasartig, häufig behaart und von einem Mittel-
kiel durchzogen. Zu Beginn des Sommers erblühen die Polster mit sternförmigen Blüten in
Weiß, Hellrosa bis Purpurrot. Der Reiz an den
kleinwüchsigen Stauden ist, dass sie bis in den
Herbst hinein blühen können.

Rhodohypoxis baurii

IM GARTEN

Grassterne bringen den ganzen Sommer über Farbe in Steingärten, niedrige Staudenpflanzungen
oder Schalen, denn die meisten Gebirgspflanzen
haben ihre Blütezeit dann schon hinter sich. Ihre
Heimat lässt vermuten, dass sie in der Sonne
stehen wollen. Während der Wachstumszeit vertragen die Blühweltmeister mehr Feuchtigkeit.
Der Boden sollte durchlässig, dennoch humos,
kalkfrei und über den Sommer nicht zu trocken
sein. Im Winter hingegen reagieren die ruhenden
Pflanzen sehr empfindlich auf Winternässe.
Neben einem Frostschutz ist auch eine Folienabdeckung als Nässeschutz anzuraten. Auf Num-
mer sicher geht man, indem man die Pflanzen in

flachen Schalen hält. Sie werden im Sommer in
den Boden eingelassen und nach dem Absterben
des Sprosses ins kühle Winterquartier umgezogen. Ab dann ist das Substrat nur noch finger-
feucht zu halten. Die Blütezeit lässt sich etwas
verlängern, indem verblühte Pflanzenteile regelmäßig entfernt werden.

VERMEHRUNG

Obwohl man Samen ernten und aussäen kann, ist
es einfacher, im späten Herbst größere Gruppen
zu teilen oder Ableger abzutrennen.

👉	**VERBREITETE ARTEN**				
ARTNAME	**EIGENSCHAFTEN**	**WUCHS**	**BLÜTE**	**BLÜTEZEIT**	
R. baurii	gruppenbildende Staude mit auffällig stark be-haarten Blättern; ab Sommer 2 cm große Blüten in kräftigen Farbtönen an kurzen Stielen; zahl-reiche Kultivare, zum Teil gefüllt	↕ 10 cm | ↔ 10 cm	weiß bis purpurn	VI–IX	
R. milloides	wüchsiger Grasstern mit lineal-lanzettlichen, gekielten, gefalteten, unbehaarten Blättern; robuster als *R. baurii*: verträgt auch etwas mehr Feuchtigkeit im Winter	↕ 10 cm | ↔ 10 cm	leuchtend kirsch- bis purpurrot	VI–XIII	

STERNBERGIA
– GEWITTERBLUME, GOLDBECHER, GOLDKROKUS

Ihren Namen verdanken diese Zwiebelgewächse dem böhmischen Botaniker Kaspar Graf von Sternberg (1761–1838). Acht Zwiebelpflanzenarten umfasst die Gattung, die von Südeuropa bis nach Westasien verbreitet sind.

In ihrem jeweiligen Verbreitungsgebiet wachsen die Sternbergien in lichten Gebüschen oder Kiefernwäldern. Aus den Zwiebeln treiben grundständige, riemenförmige Blätter und an blattlosen Stielen trichter- oder kelchförmige Blüten.

IM GARTEN

Sternbergien sind bis auf *S. lutea* und *S. sicula* Empfehlungen für das Alpinenhaus. Die beiden robusteren Arten können im Steingarten und in Geröll- oder Kiesbeeten an sonniger Stelle angepflanzt werden. Ihren Zierwert machen die leuchtend gelben Blüten aus. Die Zwiebeln werden in ihrer Ruhephase im Sommer ca. 15 cm tief in gut dränierte, mäßig fruchtbare Erde gesetzt. Winternässe ist ein Problem, das Verluste verursacht und daher vermieden werden sollte. Es schadet in der Freilandkultur keineswegs, wenn trockener Nadelmulch locker aufgeschüttet und mit einer Folie abgedeckt wird. Während der Ruhezeit im Sommer sind die Zwiebeln ebenfalls trocken zu halten.

Sternbergia lutea

VERMEHRUNG

Saatgut wird im Herbst nach der Reife bei Temperaturen um 15 °C ausgesät. Bis zur Blüte vergehen einige Jahre. Während der sommerlichen Ruhephase lassen sich Tochterzwiebeln abnehmen. Jedoch sollten die Pflanzen nur verjüngt werden, wenn die Blühwilligkeit nachlässt.

☞ VERBREITETE ARTEN

ARTNAME	EIGENSCHAFTEN	WUCHS	BLÜTE	BLÜTEZEIT
S. fischeriana	aus dem Kaschmir stammend, grasartiges Laub nach der Blüte, verträgt keine Winternässe, Art für das Alpinenhaus	↕ 15 cm | ↔ 7 cm	blass-gelb	I–III
S. lutea	weit verbreitet von Spanien bis nach Afghanistan, in der Gartenkultur recht unkompliziert und blühfreudig mit großen, Becherblüten im Herbst	↕ 20 cm | ↔ 8 cm	leuchtend gelb	IX–X
S. sicula	von Italien bis nach Griechenland heimisch, bildet schmal riemenförmige Blätter mit einem grauen Mittelstreifen, Blüten erst nach der Blattentwicklung	↕ 10 cm | ↔ 5 cm	dunkelgelb	IX–X

TECOPHILAEA CYANOCROCUS
– CHILEKROKUS, ENZIANKROKUS

Die zwei Arten umfassende Gattung aus den südamerikanischen Anden wurde nach der Pflanzenmalerin Tecofila Billotii benannt, der Tochter eines italienischen Botanikers.

Tecophilaea cyanocrocus var. *leichtlinii*

Als Knollenpflanzen wuchsen die beiden Arten früher auf Gebirgswiesen, wobei sie heute in der Natur als ausgestorben gelten. Aus den kleinen, zwiebelartigen Knollen mit einem dichten Netz-

häutchen treiben grundständige, lanzettliche Blätter. Im zeitigen Frühjahr erscheinen krokusartige, blaue oder blauviolette Blüten.

IM GARTEN

In Kultur befindet sich lediglich die Art *Tecophilaea cyanocrocus*, die wegen ihrer leuchtend blauen Blüten als Enziankrokus bezeichnet wird. Trotz seiner alpinen Herkunft ist der Chilekrokus bei uns nicht ausreichend frosthart. Es empfiehlt sich, die Pflanze im Alpinen- oder Kalthaus bzw. dem geschützten Zwiebelkasten zu kultivieren. Das Knollengewächs benötigt für sein Wachstum die volle Sonne und gut dränierte, mäßig fruchtbare Erde. Während der Vegetationszeit sind die Pflanzen nur spärlich zu wässern. Sobald das Laub welk wird, sind die Wassergaben zu reduzieren und während der Ruhephase vollständig einzustellen.

VERMEHRUNG

Samen werden nicht regelmäßig gebildet. Reifen sie heran, können sie nach der Samenernte, spätestens im Herbst, in Töpfe ausgesät werden. Tochterknollen lassen sich während der Ruhephase im Spätsommer abnehmen.

☞ VERBREITETE ARTEN UND FORMEN

ARTNAME	EIGENSCHAFTEN	WUCHS	BLÜTE	BLÜTEZEIT
T. cyanocrocus var. *leichtlinii*	Varietät mit blass- bzw. hellblauen Blüten und einer hellen bis weißen Mitte	↕ 10 cm | ↔ 5 cm	hellblau	IV
T. cyanocrocus var. *violacea*	dunkel violettblau blühende Varietät	↕ 10 cm | ↔ 5 cm	violettblau	IV

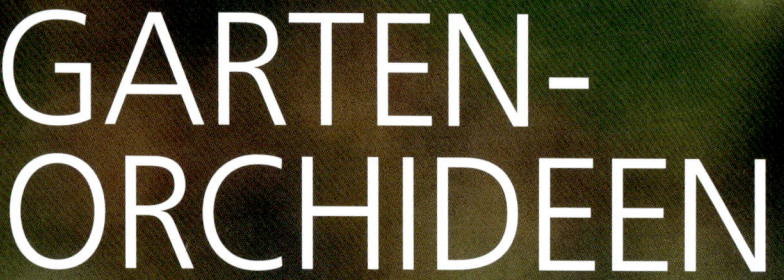

GARTEN-
ORCHIDEEN

— *Reizvolle Schönheiten*
für draußen

Bletilla orchracea, Chinaorchidee

Bletilla striata

BLETILLA
– CHINAORCHIDEE

Diese terrestrischen Orchideen sind nach dem spanischen Apotheker Louis Blet benannt. Er betrieb im 18. Jh. einen privaten botanischen Garten.

Die Gattung umfasst mittlerweile nur noch fünf Arten, die im Großraum China, Taiwan und Japan heimisch sind. Eine höhere Frosthärte besitzen lediglich zwei Arten. Die Orchideen bilden kurze Rhizome, die knollenartige, teils unterirdische Pseudobulben bilden. Aus ihnen treiben lange lineale Blätter mit einer längs ausgerichteten Faltung. An dünnen Stielen entwickeln sich im Frühsommer endständige Trauben, bestehend aus bis zu zehn Blüten.

IM GARTEN

Chinaorchideen können sowohl sonnige als auch halbschattige Beete bereichern. Sie wachsen in nahezu jedem normalen Gartenboden mit guter Durchlässigkeit und ausreichend Feuchtigkeit. Sie eignen sich zudem für die Kultur in Kübeln und Trögen. Da sie nur bedingt winterhart und eingeschränkt für die Freilandkultur geeignet sind, empfiehlt sich die frostfreie Überwinterung im kalten Gewächshaus. Treiben die Pflanzen im Winterquartier vorzeitig, lässt sich ein Befall von Spinnmilben, Blattläusen oder Weißen Fliegen nicht ausschließen. An geschützten Standorten können die Rhizome mit einer dicken Schicht Nadelreisig oder trockenem Laub samt Folienhaube überwintert werden.

VERMEHRUNG

Chinaorchideen lassen sich am einfachsten durch Teilung im Frühjahr, zu Beginn des Austriebs vermehren.

Bletilla striata 'Alba'

Bletilla 'Penway Imperial'

Bletilla striata

☞ VERBREITETE ARTEN UND FORMEN

ARTNAME	EIGENSCHAFTEN	WUCHS	BLÜTE	BLÜTEZEIT
B. orchracea	seltene Art mit hellgelben Blüten, deren Lippen eine dunkelgelbe Zeichnung mit purpurnen Flecken zeigen	↕ 40 cm | ↔ 15 cm	hellgelb	V–IV
B. striata	verbreitetste Chinaorchidee, blüht ab Mai mit intensiv purpurnen Blüten, weiß blühende Form 'Alba' und 'Albostriata' mit panaschiertem Laub	↕ 50 cm | ↔ 40 cm	intensiv purpurfarben	V–VI

Cypripedium calceolus

CYPRIPEDIUM
– FRAUENSCHUH

Ihren Namen, der auf ihre pantoffelförmige Lippe verweist, verdankt diese Erdorchideen-Gattung der griechischen Mythologie. Der Name besteht aus Kypris (Beiname der Aphrodite) und *pedilon* (Schuh).

Die ca. 35 sommergrünen Arten kommen sowohl in den trockenen Gehölz- oder Sumpflandschaften der Nordhalbkugel als auch in Südasien vor. Sie entwickeln schlanke Rhizome. Die Blätter sind gefaltet, ei- bis fächerförmig und spiralig bis gegenständig angeordnet. Je nach Art entstehen ab Frühlingsmitte einzelne oder traubig angeordnete Blüten mit abstehenden Tepalen (Blütenblätter, wenn die Blütenhülle nicht in Krone und Kelch gegliedert ist) und einer ausgeprägten Lippe.

MOOS SORGT FÜR FEUCHTIGKEIT

Für feuchtigkeitsliebende Pflanzen, beispielsweise zahlreiche Erdorchideen, kann der Feuchtegehalt im Boden durch Einmischen von Sphagnum-Moos erhöht werden. Es verrottet langsam, schafft eine lockere Struktur und speichert die Feuchtigkeit gut.

Vor Jahren galten Frauenschuh-Orchideen noch als die Königsdisziplin. Sie wurden teuer gehandelt und mühsam im Labor auf speziellen Gelsubstraten angezogen. Sobald die Sämlinge groß genug waren, wurden sie ins Erdsubstrat umgesiedelt. Bei diesem Schritt hat nur ein Bruchteil überlebt. Inzwischen lassen sie sich dank der In-vitro-Vermehrung und zahlreichen Neuzüchtungen einfacher kultivieren. Mittlerweile gibt es auch eine große Zahl an Hybriden, die normale Gartenböden tolerieren, auch für Einsteiger geeignet und erschwinglich sind. In Liebhaberkreisen sind die Frosch-Züchtungen besonders häufig anzutreffen.

IM GARTEN

Cypripedien wachsen am besten im lichten Halb- oder Streuschatten. Bis auf vereinzelte

Ausnahmen bevorzugen sie eine tiefgründige, blatt- und humusreiche, frische Erde.
Damit sie ihre Wirkung erzielen, sollten sie an einer exponierten Stelle eingepflanzt werden, beispielweise im Steingarten, Gehölzgarten sowie am Rand eines Sumpfbeets oder des Teichrands.

VERMEHRUNG

Um sie zu vermehren, erfordert es einen grünen Daumen und eine Portion Sorgfalt. In der Regel werden im zeitigen oder mittleren Frühjahr größere Exemplare vorsichtig geteilt. Sobald die Teilungsstücke voneinander getrennt wurden, sind sie mit etwas Ursprungserde wieder einzupflanzen. Die Mitnahme der Erde an den neuen Standort ist wichtig, denn wie andere Orchideen auch, leben Frauenschuhe symbiotisch mit Bodenpilzen zusammen. Ohne sie verkümmern die Orchideen zusehends und verenden.

Cypripedium guttatum

☞ VERBREITETE ARTEN

ARTNAME	EIGENSCHAFTEN	WUCHS	BLÜTE	BLÜTEZEIT
C. calceolus	heimischer Marien-Frauenschuh, an Naturstandorten streng geschützt, im späten Frühjahr erscheinen die Blüten einzeln und erreichen eine Höhe von bis zu 40 cm, Fahne und Flügel sind braun, die Lippe ist gelb gefärbt; einzige Frauenschuh-Art, die einen leicht kalkhaltigen Boden wünscht	↕ 40 cm | ↔ 40 cm	gelb mit braun	V–VI
C. guttatum	Gesprenkelter Frauenschuh, von Russland bis nach Korea verbreitet, seine gesprenkelte Lippe ist sein auffälliges Erkennungsmerkmal	↕ 35 cm | ↔ 20 cm	weiß mit purpurn	V–VI
C. macranthos	in China, Korea und Japan heimisch, bildet drei bis vier eiförmige bis elliptische Blätter, im Sommer zeigen sich an etwa 50 cm hohen Stängeln große purpurne bis violette Blüten in Einzelstellung	↕ 50 cm | ↔ 40 cm	purpurfarben bis violett	V–VI
C. reginae	als Königin-Frauenschuh bekannte Erdorchideenart aus dem östlichen Nordamerika, im Sommer weiße Blüten, die einzeln oder paarig stehen und eine rosa gefärbte Lippe bilden	↕ bis zu 70 cm | ↔ 40 cm	weiß bis hellrosa	V–VI

Dactylorhiza maculata

DACTYLORHIZA
– KNABENKRAUT, FINGERWURZ

Etwa 30 Arten bilden die Gattung der sommergrünen Knabenkräuter.
Als terrestrische Orchideen sind sie weit in Europa, dem nördlichen Afrika,
Nordamerika und Asien verbreitet.

Für die Gartenkultur spielen nur die Arten aus den gemäßigten Breiten eine Rolle, die im Winter gute Überlebenschancen haben. Sie bilden finger-artige abgeflachte Knollen aus, die an junge Knaben erinnern sollen. Im Frühling entwickeln sich lineale bis lanzettliche Blätter von mittelgrüner Farbe und zuweilen purpurnen Fleckenmustern. Die Blütenfarben variieren je nach Art von Weiß, über Rosa bis Purpurviolett. Die Blüten sind in aufrechten, dichten Trauben angeordnet.

TORF VS. TORFFREI
Seit vielen Jahren steht der Abbau von Torf für Gärtnersubstrate berechtigterweise in der Kritik. Mittlerweile gibt es mit (Laub-)Kompostsubstraten, Holzhäckseln, Xylit und anderen Zuschlagsstoffen genügend Alternativen, um Pflanzen torffrei und umweltschonend zu kultivieren. Ausnahme bilden Moor- oder Sumpfbeete, denn Torfsubstrate erfüllen nach wie vor die nährstoffarmen, kalkfreien und wasserspeichernden Eigenschaften am besten.

IM GARTEN
In der heimischen Natur stehen Knabenkräuter unter Naturschutz. Wanderer sehen sie zuhauf an den Wegesrändern in den Alpenregionen. Im Garten finden sie ihren Platz an einer hellen Stelle im Steingarten, auf einer Feuchtwiese oder im

Dactylorhiza majalis var. *kerryensis*

Dactylorhiza maculata

Streuschatten von Gehölzpflanzungen. Die Pflanzen wünschen einen feucht-humosen Boden mit hohem Blattanteil und gutem Wasserabzug.

VERMEHRUNG

Vermehrt werden Knabenkräuter durch Teilung im zeitigen Frühjahr. Da sie mit Bodenpilzen in Symbiose leben, sollte beim Umpflanzen etwas Ursprungserde mitgenommen werden. Sie enthält etwas Mykorrhiza, die somit auf das frische Substrat am neuen Standort übertragen wird. Samen werden ausgebildet, aber anstatt sie zu ernten, ist die Selbstaussaat die bessere Wahl. Junge Pflanzen können später aus der Erde genommen und verpflanzt werden.

☞ VERBREITETE ARTEN

ARTNAME	EIGENSCHAFTEN	WUCHS	BLÜTE	BLÜTEZEIT
D. fuchsii	Fuchs' Knabenkraut, Blätter zungen- bis verkehrt eiförmig und purpurn punktiert, Blüte mit dunkelvioletter Zeichnung; Kultur ist recht einfach, da die Art tolerant ist, was den Boden angeht	↕ 60 cm | ↔ 15 cm	rosa bis violett	V–VI
D. maculata	Geflecktes Knabenkraut, kontrastreiche Blüte mit dunkelvioletter Zeichnung, intensive Blattmusterung	↕ 50 cm | ↔ 20 cm	weißlich bis hellrosa	VI–VII
D. majalis	Breitblättriges Knabenkraut, bildet dunkel gefleckte Blätter aus, blüht häufig purpurrot, seltener rosa oder weiß	↕ 50 cm | ↔ 20 cm	purpurrot	V–VI

BOTANIK ALS PROFESSION
— *Johannes Scholz*

Der ehemalige Leiter des Botanischen Gartens Bielefeld ist ein passionierter Sammler asiatischer und nordamerikanischer Waldpflanzen sowie erlesener Alpinen der Pyrenäen.

Anzuchtbeete im Sommer

Sie schauen auf ein langes und erfülltes Gärtnerleben zurück. Können Sie sich noch an die Anfänge erinnern?

Mein Vater war der Leiter des Botanischen Gartens Halle und sagte mir bereits als Kind: „Du wirst Gärtner." So wurde es auch. Ich absolvierte meine Gärtner- und Meisterausbildung, durchlief alle Sparten in der botanischen Gärtnerei und entwickelte nach und nach eine Leidenschaft für außergewöhnliche Pflanzen. Sie führte mich letztendlich in den Botanischen Garten Bielefeld, den ich als technischer Leiter viele Jahre betreuen durfte.

Als Gärtner eines botanischen Gartens betrachtet man manche Dinge aus einem anderen Blickwinkel. Unterscheidet sich Ihr Kulturverfahren?

Mit wissenschaftlichem Hintergrund ist mir die botanische Korrektheit wichtig. Dabei unterscheide ich auch nach Typen, die ansonsten als eine Art zusammengefasst werden. Das persönliche Sammeln begann mit Beginn meiner Rente nach der Zeit im Botanischen Garten. Da ich meine Pflanzen nur im Kleinen vermehre, fehlen

„Mein Vater sagte: Du wirst Gärtner."

Erfahrener Gärtnerblick für botanische Details

mir die professionellen Kulturvoraussetzungen. Deshalb versuche ich für die Pflanzenkultur die Bedingungen der Naturstandorte abzuleiten.

Es ist ein Privileg, schon viele Naturstandorte kennengelernt zu haben.

Ich habe zahlreiche Standorte bereist, aber die Zahl ist überschaubar. Die Pyrenäen habe ich schon häufiger besucht. Ich wollte schon immer *Saxifraga longifolia* am Naturstandort sehen. Vergeblich habe ich dort nach *Adonis pyrenaica* gesucht. Zu gern hätte ich mir auch *Jankaea held-reichii* am Olymp angeschaut, jedoch wurde die Reise in letzter Sekunde abgesagt. Auch in den Himalaja würde es mich noch mit einer botanischen Exkursion ziehen. Da Reisen Zeit kostet, nutze ich die Möglichkeiten des Internets und suche mir Aufnahmen von Naturstandorten

Wie passen Sie die Bedingungen vom Natur-standort an Ihre Kulturbedingungen an, zumal der Klimawandel vielerorts Schwierigkeiten nach sich zieht?

Das Klima und die Bedingungen schwanken von Region zu Region. Ich versuche mit gezielten Schattierungen, Standortwahl oder Pflanzung von Gehölzen optimale Bedingungen zu schaffen. Es gibt aber auch Jahre, die durch Trockenperioden mit nachfolgenden Pilzinfektionen geprägt sind. 2016 hatte ich beispielsweise fast einen Totalschaden an *Meconopsis* durch Mehltaubefall.

Pilzkrankheiten sind aber nicht das einzige Problem?

Nein, aber die Häufigkeit ihres Auftretens nimmt zu. Über Jahre hielt mich Mäusefraß an Lewisien auf Trab. Irgendwann erkannte ich, dass ein zu dicker Winterschutz die Ursache des Problems war.

Sie haben sicherlich eine Menge Pflanzen in Ihrer Gärtner-Laufbahn kennengelernt. Gibt es unter ihnen einige Gattungen oder Arten, die Ihnen besonders viel bedeuten?

Asiatische Primel *(Primula)* und Scheinmohn *(Meconopsis)* sind definitiv eine Herzenssache. Mein Sortiment ist nicht sonderlich breit, dafür erlesen. Stolz bin ich auf die umfassende Sammlung der Maiäpfel *(Dysosma)*, die rankenden Herzblumen *(Dactylicapnos)*, die schlingenden Eisenhüte *(Aconitum)* und Tigerglocken *(Codo-nopsis)*.

Nachdem Sie kaum noch Märkte besuchen, was fangen Sie mit Ihrer vielen Zeit an?

Über ein zu viel an Zeit kann ich bestimmt nicht klagen. Die Pflanzen und mein kleiner Pflanzenversand sorgen für ausreichend Beschäftigung. Und Regenwetter nutze ich, um meine Monographie über den Botanischen Garten Bielefeld fertigzustellen.

EPIPACTIS
– STENDELWURZ

Stendelwurze sind Erdorchideen, die in elf Arten auf der Nordhalbkugel verbreitet sind. Sie bilden ausläuferartige Rhizome und gelten als einfach zu kultivierende Gartenorchideen.

Es werden nur wenige Blätter ausgebildet, die eine länglich-ovale bis lanzettliche Form aufweisen. Die Blüten sind symmetrisch aufgebaut und in der Mitte stark eingeschnürt. Sie sind sowohl in dichten als auch in lockeren Trauben zusammengefasst.

IM GARTEN

Stendelwurze sind nicht so imposant und zierend wie Frauenschuh-Orchideen. Sie sind allerdings leichter zu ziehen, denn sie tolerieren trockenere Standorte, wobei durchlässige feucht-humose Böden bevorzugt werden. Sie wachsen am liebsten im Streuschatten, können aber auch mit halb- und vollschattigen Stellen umgehen. Wenn der Standort optimale Bedingungen bietet, wachsen sie zügig und breiten sich willig aus.

VERMEHRUNG

Zur Vermehrung werden größere Bestände im zeitigen Frühjahr zu Beginn des Austriebs geteilt. Es ist darauf zu achten, dass wenigstens eine Wachstumsknospe am Teilungsrhizom verbleibt.

Epipactis palustris

☞ VERBREITETE ARTEN

ARTNAME	EIGENSCHAFTEN	WUCHS	BLÜTE	BLÜTEZEIT
E. gigantea	stammt aus den südwestlichen USA und verträgt etwas mehr Trockenheit	↕ 40 cm | ↔ 50 cm	gelbgrün bis bräunlichgelb mit kastanienbrauner Lippe	V–VII
E. palustris	Sumpf-Stendelwurz benötigt mehr Feuchtigkeit als ihre amerikanische Schwester, geeignet für Moorbeete und feuchte Böden, 10 bis 20 Blüten bilden einen Blütenstand	↕ 75 cm | ↔ 30 cm	grünlich rot überlaufen	VI–VII

Epipactis palustris

Pleione limprichtii

PLEIONE
– TIBETORCHIDEE

Aus Asien, insbesondere dem Himalaja, stammen Pleionen, die als Tibetorchideen bekannt sind. Die Gattung besitzt knapp 20 Arten und eine Fülle an Kreuzungen und Hybriden.

Die Orchideen sind laubabwerfend, wachsen entweder epiphytisch (aufsitzend), terrestrisch (bodenbesiedelnd) oder epilitisch (felshaftend). Sie bilden Pseudobulben, aus denen ein oder zwei schmallanzettliche, gefaltete Blätter erscheinen. Bei den meisten Arten erscheinen vor der Blattentwicklung die Blüten, je nach Art im Frühjahr oder Herbst. An kurzen Trieben öffnen sich farbenprächtige Blüten mit auffälligen Lippenzeichnungen.

IM GARTEN
Bis auf *P. limprichtii* und *P. formosana* sind Tibetorchideen in unseren Breiten frostfrei zu überwintern und daher in Töpfen oder besser an Baumwurzeln zu kultivieren. Die Kultur kann im kalten, aber frostfreien Gewächshaus erfolgen. Im Sommer empfiehlt es sich, die Seitenwände zu entfernen und die Dachfläche gut zu schattieren. Vor der Blüte sollten die Tibetorchideen jährlich in ein neues Substrat gesetzt werden, das sehr locker, kalkfrei und humos ist. Als geeignet hat sich eine Mischung aus Kiefernnadeln, Sphagnum und etwas lockerer, grober Torferde erwiesen. Bei den epiphytischen und heiklen Arten bewährt sich zunehmend eine neue Kulturmethode: das Anbinden. Hierzu werden poröse Baumwurzeln mit etwas Substrat und Moos bzw. Sphagnum präpariert. Die Pseudobulben werden in das Moos eingesetzt und vorsichtig angebunden. Damit sitzen sie wie in der Natur auf und haben

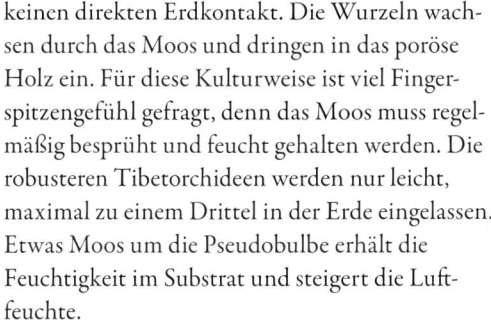

Pleione formosana

Pleione aurita

keinen direkten Erdkontakt. Die Wurzeln wachsen durch das Moos und dringen in das poröse Holz ein. Für diese Kulturweise ist viel Fingerspitzengefühl gefragt, denn das Moos muss regelmäßig besprüht und feucht gehalten werden. Die robusteren Tibetorchideen werden nur leicht, maximal zu einem Drittel in der Erde eingelassen. Etwas Moos um die Pseudobulbe erhält die Feuchtigkeit im Substrat und steigert die Luftfeuchte.

Bis zur Blüte werden die Pflanzen etwas trockener gehalten und lediglich besprüht. Nach der Blüte und dem Beginn der Laubentwicklung sollte mehr Feuchte gegeben werden. Sobald das Laub im Herbst abstirbt, sind die alten Pseudobulben zu entfernen und die Nachzucht kühl zu überwintern. Die beiden robusteren Arten (*Pleione limprichtii* und *Pleione formosana*) können den Winter mit Schutz im Garten verbringen. Hierzu reicht das Überschütten mit Nadelreisig aus. Darüber sollte jedoch noch eine Folie gezogen werden, denn Winternässe führt definitiv zu Verlusten.

Schnecken und nachfolgende Pilzinfektionen sind für Pleionen. ebenso schädlich wie trockenes, heißes Klima am Standort.

VERMEHRUNG

Die Vermehrung erfolgt hauptsächlich durch Abnehmen der neu gebildeten Pseudobulben.

☞ VERBREITETE ARTEN

ARTNAME	EIGENSCHAFTEN	WUCHS	BLÜTE	BLÜTEZEIT
P. aurita	wundervolle und großblumige, aber empfindliche Art mit dunkel-malvenfarbigen Blüten, einzige Art, deren Blüten duften	↕ 20 cm | ↔ 10 cm	malven- bis purpurrosa	IV–V
P. formosana	großblumige Art, aus der viele Hybriden hervorgegangen sind, robuste Typen sind mit Schutz im Garten kultivierbar	↕ 20 cm | ↔ 10 cm	rosaviolett	III–IV
P. forrestii	schwer zu kultivierende Art mit gelben Blüten, häufiger Elternteil vieler Kreuzungen mit gelblichen Farbeinschlägen	↕ 20 cm | ↔ 10 cm	gelb mit roter Lippenmusterung	II–III
P. limprichtii	eine der kleinsten und robustesten Tibetorchideen, hält es mit Schutz im Freiland aus	↕ 15 cm | ↔ 10 cm	purpurrosa	IV–V

POGONIA OPHIOGLOSSOIDES
– BARTORCHIDEE, MOORORCHIDEE

Bartorchideen, deren botanischer Name sich auf die horizontalen, schmalen, kamm-förmigen Lippenfransen (pogonías = bärtig) bezieht, sind in vier Arten in den Feuchtgebieten im östlichen Nordamerika und in Ostasien heimisch.

Pogonia ophioglossoides

In Kultur ist fast ausschließlich die aus Nordamerika stammende Art *Pogonia ophioglossoides*. Sie bildet dünne, häufig behaarte Rhizome, aus denen sich ein einzelnes oval bis lanzettlich geformtes Blatt entwickelt. Zu Beginn des Hochsommers im Juni/Juli erscheinen endständige, bis zu 30 cm lange Blütenstände mit zwei oder drei hellrosa Blüten mit einer dunklen Lippe. Die hellrosa Blüten mit der dunklen Lippe sind zierend und in größeren Gruppen als Blütenpracht eine Schau. Bartorchideen werden maximal 20 bis 30 cm hoch, bis zu 10 cm breit und wachsen weitestgehend unproblematisch.

IM GARTEN

Bartorchideen sind hübsche Gartenorchideen für Moorbeete und Sumpfzonen. Wenn ihnen der Standort gefällt, verbreiten sie sich willig, bilden größere Gruppen und verwandeln die Feuchtzone im Hochsommer in ein rosafarbenes Blütenmeer. Sie wachsen sowohl in der Sonne als auch im Streuschatten. Zu dunkel darf es jedoch nicht sein, denn darauf reagieren sie mit träger Blütenbildung. Ein feuchter, torfiger und kalkfreier Moorboden erfüllt alle Anforderungen.

VERMEHRUNG

An Idealstandorten versamt sich die Bartorchidee leicht. Kleine Sämlinge können im Frühjahr herausgenommen und an einen neuen Standort versetzt werden. Gebräuchlicher ist jedoch die Teilung der Pflanzen im zeitigen Frühjahr. Während der Ruhephase im Winter ist das Substrat recht trocken zu halten.

SPIRANTHES
– DREHWURZ, WENDELÄHRE

Der größte Teil dieser meistens terrestrisch lebenden Orchideen
ist in Nordamerika heimisch, manche Arten kommen jedoch auch
in Asien und Europa vor.

Spiranthes aestivalis, Orchidee des Jahres 2016

Die Gattung besteht aus etwa 50 immergrünen
oder laubabwerfenden Arten, die in den gemäßigten oder tropischen Gebieten auf wassernahen
Gras- und Gehölzländern wachsen. Aus den
knolligen Wurzeln entstehen grundständige
Blattrosetten. Die Blätter sind fleischig bis
papierartig, von lanzettlicher bis rundlicher
Form. Die weißen Blüten sitzen spiralförmig in
Trauben auf aufrechten Sprossen.

IM GARTEN

Für die Gartenkultur bieten sich nur einige Arten
der gemäßigten Breiten an. Sie sind eine gute
Ergänzung in Moor- und Sumpfbeeten, an Bachläufen und Teichrändern und können auch als
Begleitpflanzen für Knabenkräuter, Stendelwurz
und andere Feuchtwiesenbewohner dienen. Als
Pflanzort kommt ein halbschattiger, geschützter
Platz infrage, der einen feuchten, humosen, jedoch keinen durchtränkten Boden aufweist. In
rauen Lagen sollte eine dicke Schicht an trockenem Mulch (z. B. Nadeln) aufgebracht und mit
einer Folienabdeckung überzogen werden.

VERMEHRUNG

Die Vermehrung erfolgt in der Ruhezeit durch die
Teilung der Pflanzen. An günstigen Standorten
ist eine Selbstaussaat erkennbar, sodass Sämlingspflanzen herausgenommen und vereinzelt bzw. an
andere Standorte versetzt werden können.

☞ VERBREITETE ARTEN

ARTNAME	EIGENSCHAFTEN	WUCHS	BLÜTE	BLÜTEZEIT
S. aestivalis	von West- über Mitteleuropa bis nach Russland ver-breitet, zählt hierzulande zu den seltensten, heimi-schen Orchideen; benötigt im Gegensatz zu anderen Sumpfbewohnern kalkhaltige, schlammige Böden	↕ 30 cm | ↔ 10 cm	weiß	VII–VIII
S. spirales	Herbst-Drehwurz, heimische Art, wächst untypisch auf Mager- und Trockenrasen sowie Heideflächen; steht auf der Roten Liste und ist streng geschützt	↕ 25 cm | ↔ 10 cm	weiß	VIII–IX

PFLANZENREICH

BOTANISCHE SAMMLUNG UND GARTENENZYKLOPÄDIE VON DIRK MANN

Das Jagen und Sammeln außergewöhnlicher Pflanzen begeistert und begleitet mich seit frühester Kindheit. Diese Leidenschaft hat mich dazu veranlasst, die elterliche Staudengärtnerei in eine botanische Sammlung umzuwandeln. Stand früher eine gärtnerische Produktion im Vordergrund, beschäftigt mich heute das Aufspüren, Ausprobieren und Kultivieren neuer und seltener Pflanzen. Dank eines umfangreichen Netzwerkes befreundeter Pflanzenliebhaber und Spezialisten hat sich eine botanische Sammlung von mehr als 3 000 verschiedenen Pflanzen aufgebaut, die sich regelmäßig erweitert und verändert. Die Pflanzen und ihre Entwicklung samt Charakteristika begleite ich während ihrer Kultur fotografisch. Damit diese Arbeit nicht im stillen Kämmerchen vor sich hinschlummert, wächst seit vielen Jahren parallel meine Gartenenzyklopädie PflanzenReich. Als eigenständiges Projekt soll die Website als umfangreiches Online-Nachschlagewerk dienen, das Pflanzen in ihren unterschiedlichen Merkmalen und Vegetationsstadien zeigt, Kulturtipps und -tricks vermittelt sowie auf mögliche Bezugsquellen verweist. **www.pflanzenreich.com**

BEZUGSQUELLEN UND GÄRTNEREIEN

(Sortierung nach PLZ)

DEUTSCHLAND
Woodlandplants
Sebastian Kohout
01917 Kamenz
www.woodlandplants.de
☞ Stauden, Blumenzwiebeln *(Allium, Galanthus)*

Gartenschulze
07333 Unterwellenborn
www.garten-schulze.de
☞ Stauden, Schattenpflanzen

Gartenbau Stiebritz
07749 Jena
E-Mail: u_stieb@web.de
☞ Orchideen, Alpine, Stauden

Gartenbau Stopp
09127 Chemnitz
E-Mail: gerd.stopp@t-online.de
☞ Stauden, Alpine

Albrecht Hoch
14163 Berlin
www.albrechthoch.de
☞ Blumenzwiebeln

Mister Hepatica
Andreas Händel
14669 Ketzin
www.misterhepatica.de
☞ Stauden, Schattenpflanzen

Blumenzwiebelland
Ernst Gruber
16321 Bernau
E-Mail: gruberernst@web.de
☞ Stauden, Alpine, Schattenpflanzen *(Adonis, Gentiana, Hepatica,)*

Gartenbau Thomas Ahrens
21717 Fredenbeck
www.variegataplants.de
☞ Stauden, Alpine, Orchideen

Allerlei Seltenes
Staudengärtnerei Peters
25436 Uetersen
www.alpine-peters.de
☞ Knollen, Blumenzwiebeln, Stauden

Thymian- und Staudengärtnerei
Michael Camphausen
27211 Bassum
www.michaelcamphausen.de
☞ Stauden, Alpine, Blumenzwiebeln

Herrenkamper Gärten
27254 Siedenburg
www.herrenkampergaerten.de
☞ Stauden, Schattenpflanzen,
   Blattschmuckpflanzen

Freilandorchideen und Wildstauden Mowwe
29575 Altenmedingen
www.wildstauden-w-mowwe.de
☞ Stauden, Alpine, Orchideen

Staudengärtnerei Annemarie Eskuche
29664 Ostenholz
www.stauden-eskuche.de
☞ Stauden

Pyrenäen-Botanik Johannes Scholz
33739 Bielefeld
www.pyrenaeen-botanik.de
☞ Stauden, Alpine

Gartenbau M. Härtl
34305 Niedenstein
www.ihrgartenbau-haertl.de
☞ Stauden, Schattenpflanzen,
   Orchideen

Wolfgang Leverberg
42853 Remscheid
www.orchideen-im-garten.de
☞ Stauden, Alpine, Orchideen

Gärtnerei Weihrauch
83059 Kolbermoor
www.gartenorchideen-shop.de
☞ Orchideen

Stauden- und Kakteengärtnerei Schleipfer
86356 Neusäß
Telefon: 08 21 / 46 44 50
☞ Stauden, Alpine

flora montana Gebirgspflanzengärtnerei
91555 Feuchtwangen
www.floramontana.de
☞ Stauden, Schattenpflanzen (*Erythronium, Trillium*)

Bäuerleins Grüne Stube
93077 Bad Abbach
www.baeuerleins-gruene-stube.de
☞ Stauden, Schattenpflanzen (*Aconitum, Codonopsis, Dysosma, Meconopsis*)

Staudengärtnerei Poltermann
99099 Erfurt
www.stauden-poltermann.de
☞ Stauden, Schattenpflanzen (*Anemone, Epimedium, Thalictrum*)

BELGIEN
Green Mile Nursery
www.greenmilenursery.be
☞ Stauden, Alpine

NIEDERLANDE
Gärtnerei Tuingoed Foltz
NL-9651 AT Meeden
www.tuingoedfoltz.nl
☞ Orchideen, Alpine, Stauden

ÖSTERREICH
Sarastro-Stauden
A-4974 Ort/Innkreis
www.sarastro-stauden.com
☞ Stauden, Schattenpflanzen (*Adonis, Hepatica, Trillium*)

POLEN
Gärtnerei Wolniewicz
PL-69200 Sulecin
E-Mail: lucyna.wolniewicz@gmail.com
☞ Stauden, Schattenpflanzen

SCHWEIZ
Gärtnerei J. Eschmann
CH-6032 Emmen
www.eschmannpflanzen.ch
☞ Stauden, Schattenpflanzen, Blumenzwiebeln
   (*Arisaema, Galanthus, Podophyllum, Trillium*)

TSCHECHIEN
Botanische Gärtnerei Holzbecherova
CZ-66431 Lelekovice
www.holzbecher.cz
☞ Stauden, Zwiebeln, Knollen (*Galanthus*)

☞ *Register*

Hervorgehobene Seitenzahlen verweisen auf Abbildungen.

☞ Bildnachweis

260 Farbfotos wurden von Dirk Mann, Dresden, für dieses Buch aufgenommen.

Weitere 8 Farbfotos von
Flora Press/GWI: 114 o.re., 183; Flora Press/Visions: 162; GAP Photos/Bjorn Hanson: 71 re.
GAP Photos/Howard Rice: 27 o., 29 o.; GAP Photos/Lynn Keddie: 28; GAP Photos/J P Sira: 38/39.

☞ Impressum

Umschlaggestaltung von Gramisci Editorialdesign/ Claudia Geffert, unter Verwendung von zwei Farbfotos von Flora Press/GWI (Umschlagvorderseite: Leopardenblume, *Belamcanda chinensis*) und Dirk Mann, Dresden (Umschlagrückseite: Blattstecklinge)

Mit 268 Farbfotos.

Alle Angaben in diesem Buch sind sorgfältig geprüft und geben den neuesten Wissensstand bei der Veröffentlichung wieder. Da sich das Wissen aber laufend in rascher Folge weiterentwickelt und vergrößert, muss jeder Anwender prüfen, ob die Angaben nicht durch neuere Erkenntnisse überholt sind. Dazu muss er zum Beispiel Beipackzettel zu Dünge-, Pflanzenschutz- bzw. Pflanzenpflegemitteln lesen und genau befolgen sowie Gebrauchsanweisungen und Gesetze beachten.
Die Blütenfarben sind sortenabhängig, daher können auch Farben auf dem Markt sein, die im Buch nicht genannt werden. Die Blütezeiten sind ebenfalls sortenabhängig, aber auch klima- und standortabhängig. Die angegebenen Wuchshöhen und -breiten der Pflanzen sind Mittelwerte. Sie können je nach Nährstoffgehalt des Bodens variieren. Verschiedene Sorten können deutlich größer oder auch kleiner wachsen als die Art.
Botaniker und Stauden-Experten weltweit sind sich bezüglich der Zuordnung einiger Pflanzenarten zu bestimmten Gattungen nicht einig. Zum Teil werden getroffene Einteilungen nach wenigen Jahren wieder rückgängig gemacht.

Unser gesamtes Programm finden Sie unter **kosmos.de**.
Über Neuigkeiten informieren Sie regelmäßig unsere Newsletter, einfach anmelden unter **kosmos.de/newsletter**.

Gedruckt auf chlorfrei gebleichtem Papier

© 2018, Franckh-Kosmos Verlags-GmbH & Co. KG, Stuttgart.

ISBN 978-3-440-15632-2

Projektleitung: Carolin Küßner
Redaktion: Carolin Küßner
Bildredaktion: Carolin Küßner
Gestaltungskonzept: Peter Schmidt Group GmbH, Hamburg
Gestaltung und Satz: Daniela Petrini, A-Reutte
Produktion: Klaus Jost
Druck und Bindung: Print Consult GmbH, München
Printed in Hungary / Imprimé en Hongrie

KRAFT FÜR BODEN — UND PFLANZEN

256 Seiten, ca. €(D) 39,90

Pflanzen brauchen Kraft zum Wachsen. Sie brauchen einen Boden, der sie mit Nährstoffen versorgt. Und sie brauchen den richtigen Dünger. Mit Leidenschaft und immenser Sachkenntnis erklärt Tina Råman alle verfügbaren Arten von Dünger, mit denen Blumen, Gemüse und Früchte erst ihre volle Pracht entfalten. Bodenwelten: Biologische und chemische Prozesse im Boden. Philosophie: Mineraldünger versus Biodünger. Biodynamischer Landbau und die Herausforderungen der Zukunft. Düngen: Welche Nährstoffe stecken in Kompost, Jauche, Algen, Terra Preta oder Mist? Welcher Dünger ist der Beste für die unterschiedlichen Pflanzen? Leidenschaftlich bodenständig und unterhaltsam praktisch – das umfassende Buch über die unterschiedlichen Dünger und ihre lebenswichtige Bedeutung.